Dietrich Volkmer

Hiob

Vom Leid eines Menschen

DIETRICH VOLKMER

HIOB

VOM LEID EINES MENSCHEN

Die Deutsche Nationalbibliothek verzeichnet diese
Publikation in der Deutschen Nationalbibliografie;
Detailierte bibliografische Daten sind im Internet über
http://dnb.ddb.de abrufbar

Text, Layout und Umschlaggestaltung
Dr. Dietrich Volkmer
www.literatur.drvolkmer.de

Sämtliche Bilder sowie das Titelbild entstammen dem Buch
„Erzählungen und Personen des Alten Testaments", Parthas-
Verlag, 2004

Internet-Seiten
www.drvolkmer.de   www.literatur.drvolkmer.de

Herstellung und Verlag
BoD Books on Demand
Norderstedt
Printed in Germany

ISBN 9 783 734 761 966

Inhalt

Vorwort

Es sind dieselben Buchstaben, sieht man einmal von dem grossen B und dem Leerzeichen ab, in der gleichen Reihenfolge und doch haben sie eine gänzlich andere Bedeutung. Hinzu kommt natürlich noch eine andere Betonung. Das erstere wird auf beiden Wortteilen betont, das zweite nur auf der ersten Silbe.

Hiobs Botschaft und Hiobsbotschaft.

Beide ergeben einen Sinn.

Die geläufigste und am meisten gebräuchliche Variante ist sicher die zweite. Das verbindet man mit dem Wort *Hiob*.

Sie wird häufig verwandt, wenn es sich um eine Meldung handelt, die alles andere als positiv ist und dem Adressaten etwas Unheilvolles verspricht.

Das Merkwürdige an solchen Äusserungen ist jedoch, das sie meistens in die Welt gesetzt werden ohne im Geringsten über die Herkunft Bescheid zu wissen.

Aber diese ausgefallene Wortkombination ist hinsichtlich des Wissens um ihre Herkunft wahrlich nicht allein.

Sie als Leser wissen natürlich, dass es sich dabei eine biblische Quelle handelt, manch einer wird sogar noch das Alte Testament angeben können.

Nun mag man sagen, muss man überhaupt über das Alte Testament noch Bescheid wissen?

Nun ja, eine Gegenfrage sei erlaubt, wie schaut es denn überhaupt mit dem Neuen Testament und der christlichen Religion aus?

Wir nehmen gern die Feiertage in Kauf, den ersten und womöglich den zweiten Feiertag, obwohl man ihn nicht zwingend benötigte, aber er ist nun mal gewerkschaftlich sanktioniertes Allgemeingut geworden.

Aber fragt man auf einer beliebigen Strasse in Deutschland, fremde Religionen einmal ausgenommen, was der Bedeutungsinhalt von Weihnachten ist, so wird man darauf sicherlich oder hoffentlich noch eine Antwort erhalten, die über Knecht Ruprecht, Nikolaus und Geschenke hinausgeht.

Bei den anderen grossen christlichen Feiertagen wie Ostern und besonders Pfingsten wird es da schon etwas kritischer. Beim Osterfest zumindest sollte die Erklärung nicht am Osterhasen kleben bleiben.

Und Pfingsten?

Da ist derjenige gut dran, der sein Smartphone dabei hat und schnell bei Google oder Wikipedia nachschauen kann.

Aber ich will keine religiöse Schelte in einer immer säkularer werdenden Welt anbringen.

Es geht in diesem Buch um eine Person des Alten Testaments namens Hiob – oder wie er im Hebräischen heisst: Ijob. Wenn ich richtig informiert bin, hat Luther in seiner Bibelübersetzung aus dem Wort Ijob das deutsche Hiob gemacht.

Es stellt für einen Autor immer einen gewissen Reiz dar, wenn zwei Möglichkeiten der Interpretation fast gleicher Wortkombinationen bestehen.

Hiobs Botschaft bietet natürlich viel mehr an Interpretationen, denn das Buch Hiob besteht ja nicht nur aus der Hiobsbotschaft. Wäre letzteres der Fall, würde man das gesamte Buch auf ein einziges Kapitel reduzieren.

Steigen wir also ein in eine fast uralte Geschichte und schauen uns an, was sie uns zu bieten hat.

Vor dem eigentlichen Einstieg noch einige Erklärungen.

Ich bin weder Theologe noch Religionswissenschaftler noch habe ich ein Studium des Hebräischen oder Altgriechischem absolviert sondern ein ganz normal am Thema Religion interessierter Mitmensch.

Erwarten Sie also nicht tiefsinnigste Schürfungen sondern mehr eine interessierte Betrachtung an einem interessanten Thema. Daher geht es nicht um eine hochtheologische Abhandlung, sondern mehr um ein Betrachtung für jeden, der dem Thema Religion zugewandt ist oder den Glauben an die Bibel (noch) nicht verloren hat.

Zudem hat gerade das Buch Hiob für mich eine besondere Bedeutung.

Vor einigen Jahren hielt ich auf einer grossen Tagung neben meiner Aufgabe als Tagungsleiter einen Vortrag zum Thema Hiob, den ich mit farbigen Overhead-Folien unterstrich. Im Auditorium sass auch einer meiner Homöopathie-Lehrer, Dr. Willibald Gawlik.

Dr. Gawlik war ein besonderer Lehrer. Seine Vorträge sind mir noch immer in lebhafter Erinnerung, denn wie kein zweiter vermochte er Homöopathie so lebhaft, plastisch und farbig vermitteln, dass dem Zuhörer die Bilder in bester Erinnerung blieben. Und das erscheint mir sehr wichtig und besser, als blosses Pauken von Symptom-Komplexen oder das manchmal seelenlose Repertorisieren am Computer.

Wenn er auf einer Tagung als Referent geladen war, dann füllten sich vor seinem Vortrag die Hörsäle, um sich danach wieder leicht zu leeren – nicht immer einfach für einen Folge-Redner.

Nach meinem Vortrag kam er auf mich zu und fragte mich, wie ich denn meine Folien gestalte. So etwas hätte er noch nie gesehen.

Am Nachmittag kam sein Vortrag. Wie gewohnt mit viel Verve und viel Engagement. Während seiner Rede hielt er plötzlich inne und bat mich zu ihm nach vorn zu kommen. Mein Vortrag habe ihm so gut gefallen, dass er sich bei mir mit einem kleinen Geschenk bedanken möchte.

Er überreichte mir einen Rosenkranz aus Hiobstränen mit einem Kruzifix, die ich noch heute als einen Schatz bewahre.

Man nennt sie auch Christustränen, Mosestränen oder Marientränen.

Die Pflanze ist eine uralte Maisverwandte aus Ostasien. Aus der weiblichen Blüte entwickelt sich nach der Bestäubung eine kirschkerngrosse, porzellanartige harte Perle, die man für Ketten und Rosenkränze verwendet.

Diese vielfältigen Erinnerungen stimulierten mich, dem Thema Hiob ein Buch zu widmen, in dem ich meine Ansichten zu Hiob zu Papier bringen kann.

Vielleicht noch ein wichtiger Satz zum Verständnis des folgenden: Die Übersetzungen des Alten Testaments sind je nach Übersetzer sehr unterschiedlich. Ich habe mir daher die Freiheit genommen, aus den sieben verschiedenen Bibeln, die mir zur Verfügung standen, diejenige Übersetzung auszuwählen, die meinem Verständnis am nächsten kam.

Es ist nicht immer einfach, sich in die Gedanken eines so alten Werkes einzufädeln, daher möge der Kundige des Alten Testamentes mir die eine oder andere Interpretation, die von seinem Verständnis abweicht, nachsehen.

Wie ich feststellen musste, tun sich auch die Experten mit so mancher Übersetzung und Deutung alles andere als leicht.

Bad Soden, im Juli 2012
Neu gestaltet: Januar 2015

Ich hoffe, dass mir nach mehrmaliger Durchsicht kein Fehler mehr unentdeckt geblieben ist.

Hiobsbotschaft und Menetekel

In unserer Sprache sind beide Begriffe häufig anzutreffen, wobei ersteres in der zusammengesetzten Form gemeint ist.

Ebenso wie bereits im Vorwort angeführt, ist den meisten Anwendern auch die Herkunft des Wortes Menetekel nicht bekannt.

Es entstammt dem Buch Daniel des Alten Testaments.

Da es ein Paradebeispiel für eine Hiobsbotschaft ist, soll es etwas ausführlicher beschrieben werden.

Die Geschichte handelt in Babylon, einer Stadt, die im Altertum mit solchen Begriffen wie Sündenpfuhl und Leichtlebigkeit in Verbindung gebracht wird. Für die Israeliten ist es ohnehin ein mit traumatischen Empfindungen verknüpftes Wort, da es sie an die babylonische Gefangenschaft erinnert.

Dort herrschte dereinst der König Belsazar. Er gab ein Fest für tausend seiner Fürsten und bediente sich in deren Gegenwart ausgeprägt am Wein. Als ihm der Wein zu Kopf stieg, befahl er seinen Dienern, man solle ihm die goldenen und silbernen Gefässe holen, die sein Vater Nebukadnezar aus dem Tempel in Jerusalem entwendet hatte. Der König, seine Fürsten, Gemahlinnen und Konkubinen sollten aus diesen für die Juden heiligen Gefässen trinken. Man brachte sie und die ganze Gesellschaft trank aus ihnen.

Sie tranken und rühmten dabei weinselig ihre heidnischen Götter aus Gold, Silber, Bronze, Eisen, Stein und Holz.

Plötzlich erschienen an der weissen Wand des Palastes die Finger einer menschlichen Hand und schrieben einige Worte an die Wand. Der König konnte die Hand beim Schreiben sehen.

Er erbleichte, er zitterte und seine Knie schlotterten. Er wollte wissen, was diese geheimnisvolle Schrift bedeutete, denn er ahnte irgendein Unheil.

So liess er die Weisen Babylons, die Beschwörer und Astrologen kommen.

„Wer diese Schrift lesen und sie deuten kann," so sprach er zu ihnen, „der soll mit Purpur gekleidet werden und eine goldene Kette um den Hals tragen".

Jedoch niemand vermochte die Schrift zu lesen.

Der König ängstigte sich, da betrat die Königin den Saal und verwies auf Daniel, der Erleuchtung, Wissen und Einsicht in die Weisheit der Götter besitze und einer der Gefangenen sei, die sein Vater aus Juda herbrachte.

Man rief ihn.

Daniel versprach, ihm die Schrift zu deuten, begann aber mit Vorhaltungen.

„Der höchste Gott gab deinem Vater Nebukadnezar, o König, seine Herrschaft, seine Macht, seinen Ruhm und seine Würde und wegen seiner gottgegebenen Macht zitterten vor ihm alle Völker. Er tötete die Menschen und liess sie am Leben, erhob und erniedrigte, wie es ihm gefiel. Als er hochmütig, anmassend und halsstarrig wurde, verlor er seinen königlichen Thron und wurde aus der menschlichen Gesellschaft verstossen. Sein Verstand sank ab zu dem eines Tieres, er lebte bei den Wildeseln und weidete das Gras ab wie die Ochsen, sein Körper wurde nass unter dem Tau des Himmels, bis er am Ende erkannte, dass der höchste Gott der Herr ist über das Reich der Menschen. Du, sein Sohn Belsazar, wusstest dies alles und hast dein Herz nicht bezwungen. Du hast dich in deinem Stolz gegen den Herrn des Himmels erhoben. Die Gefässe seines Tempels hast du herholen lassen und ihr habt aus ihnen getrunken. Du hast deine Götter gerühmt, die weder sehen noch hören noch wissen, und hast nicht den Gott gepriesen, von dem du deinen Atem hast und vor dem du alle deine Wege zu verantworten hast. Darum sandte er dir diese Hand und sie schrieb diese Schrift. So lautet sie: „Mene mene tekel upharsin".

Und dies ist die Deutung:

Mene – Gott hat die Tage deines Königtums zusammengezählt und ihr Ende bestimmt.

Tekel – Du bist auf der Waage gewogen und zu leicht befunden

Upharsin – Dein Königreich ist zerrissen und den Medern und Persern gegeben.

Da gab Belsazar wie versprochen den Befehl, Daniel in Purpur zu kleiden, ihm eine goldene Kette umzuhängen und es wurde ausgerufen, er sei der dritte Mann in der Rangordnung des Reiches.

In derselben Nacht aber wurde Belsazar, der König der Babylonier, umgebracht.

Wer ist Hiob und wo lebt er?

Hiob lebte im Lande Uz. In der Bibel finden wir keinen Hinweis darauf, wo dieses Land oder diese Region liegt. Eines scheint sicher zu sein: Sie liegt nicht im Land der Israeliten.

Weiterhin wissen wir nicht, ob es überhaupt ein Land dieses Namens gegeben hat. Handelt es sich daher mehr um eine erfundene Landschaft, in die der Autor des Werkes mit seiner Phantasie die Geschichte gelegt hat?

Es ist manchmal tröstlich, dass es noch Geheimnisse gibt, die der alles aufdeckenden oder aufdecken wollenden und damit entmythologisierenden Wissenschaft verborgen bleiben. Sonst wäre es durchaus vorstellbar, dass sich Neugierige aufmachen würden, um das Land Uz akribisch auf der Landkarte einzukreisen.

Ähnliches gibt es bereits beim biblischen Paradies das Alten Testaments. Hinsichtlich dieses „Gebietes" (ich muss das Wort mangels anderer Bezeichnungsmöglichkeiten in Parenthese setzen) hat es ebenfalls bereits einige Recherchen gegeben.

Dabei gibt es keinen festzumachenden geografischen Ort auf dieser Welt, in dem das Paradies gelegen hat, denn das Paradies ist kein Ort, sondern ein Zustand, in dem der Mensch in der Einheit mit Gott lebte.

Nur unverbesserliche Sozialisten und Kommunisten leben noch immer in dem Wahn, etwas Ähnliches hier auf Erden schaffen zu können. Die bislang gescheiterten Versuche, auch in unserem Land, sollten doch den unveränderlich verbohrten Gemütern Anlass zum Nach- und Umdenken zu geben, im besten Fall zur Einsicht.

Eine andere Suchaktion findet noch immer auf dem Berg Ararat statt, wobei man glaubt oder hofft, hier die Reste der Arche Noah zu finden. Die Bibel gibt an, dass Noah hier nach der Sintflut gelandet oder gestrandet sei, nachdem die Taube mit dem Olivenzweig im Schnabel das Ende des Grossen Wassers erahnen liess.

Auch dass dürfte eine vergebliche Suche darstellen, der Berg Ararat stellt wohl nur ein Symbol dar, dass eine Errettung aus der Flut und ein Weiterleben der Menschen bedeutete.

Denn in den Mythen und Sagen der Völker des Vorderen Orients taucht immer wieder der Hinweis auf eine grosse Wasserflut auf.

Der Name Sintflut entstammt dem Begriff Sündflut und ist wohl in der Vorstellung der Altvorderen als göttliche Strafaktion zu interpretieren.

Der Mensch hat gesündigt und muss infolgedessen leiden, als Strafe quasi.

Er bezeichnet vor allem im christlichen Verständnis den unvollkommenen Zustand des Menschen, der von Gott getrennt ist.

14

Die erste Trennung erfolgte, wie in der Schöpfungsgeschichte dargestellt, durch den Sündenfall, in dem sich Adam und Eva über die Gebote Gottes hinwegsetzten und dadurch aus der Einheit mit Gott in die Zweiheit, in die Polarität gestürzt wurden.

Nun zum Lande Uz:

Verschiedenen Angaben zufolge, scheint das Land Uz, wenn es denn überhaupt existiert hat, im arabischen Raum gelegen zu sein, da wo sich heutzutage der Irak befindet. Man leitet es daraus ab, dass der Name Uz in Verbindung mit dem Erstgeborenen des Bruders Abraham namens Nahor gebracht wird - ein in der hebräischen Bibel häufig anzutreffender Gebrauch, persönliche Namen mit Orts- und Ländernamen zu verknüpfen.

Das Buch Hiob beginnt wie folgt:

Einen Mann gab es im Lande Uz, Hiob war sein Name. Dieser Mann war untadelig und aufrecht, gottesfürchtig und dem Bösen abhold.

Und gleich danach wird sein Reichtum aufgezählt

So wurden ihm sieben Söhne und drei Töchter geboren.

Und sein Herdenbesitz belief sich auf 7000 Stück Kleinvieh, 3000 Kamele, 500 Rinder und 500 Eselinnen und sehr viel Gesinde. Und er war reicher als alle, die im Osten wohnten.

An dieser Stelle auch nur eine vage geografische Angabe.

Und jetzt kommt etwas, das uns einen ersten Blick auf die Gesinnung und religiöse Einstellung Hiobs werfen lässt.

Die Söhne veranstalteten abwechselnd Festgelage in ihren Häusern, Luther übersetzt mit Festmahl, in heutiger Umgangssprache würde man von einer Fete sprechen.

Dazu luden sie stets, grossfamilienbewusst, ihre Schwestern ein.

Den Senior wollten sie augenscheinlich nicht dabei haben. Trotz des früher gängigen Respekts vor dem Alter schien sich da mals schon abzuzeichnen, dass die jungen Leute hin und wieder unter sich sein wollten.

Der Vater allerdings befürchtete, die Jugend könnte über den Leisten geschlagen und religiöse Aspekte bei ihren Feiern verletzt oder gar Gottloses von sich gegeben haben.

Hier zeigt sich schon einer der Charakterzüge Hiobs: Ihm fehlt so etwas wie Gelassenheit. Furcht und Zweifel nagen an ihm, ob unter Umständen seine eigenen Kinder sein „Image" vor Gott schädigen könnten. Aus heutiger psychologischer Sicht könnte man konstatieren: Seine Gottesfurcht scheint etwas überdimensionierte Ausmasse zu haben, die sein Handeln und Tun einschränken.

Hinzu kommt noch die alttestamentarische Vorstellung von Gott als zürnendem und strafendem Gott, die so gänzlich von der neutestamentarischen Einstellung, wie sie uns in der Bergpredigt Jesu nahegebracht wird, abweicht.

So machte sich Hiob stets am nächsten Morgen auf und opferte Brandopfer nach alter Sitte, um Gott zu besänftigen.

Damit glaubte er, seien die eventuellen Sünden der feierfröhlichen Kinder getilgt.

Disput im Himmel Teil 1

Wir haben Hiob als Menschen kennen gelernt.

Nunmehr beginnt die Geschichte an Spannung zuzunehmen.

Da mit diesem Kapitel der eigentliche rote Faden beginnt, soll die Betrachtung der ersten Kapitel etwas ausführlicher gestaltet werden.

Im Himmel war eine Zusammenkunft angesagt. Heutzutage würde man anglophil von einem Meeting sprechen.

Die Gottessöhne traten vor den Herrn, unter ihnen auch der

Satan.

Dies erscheint mir eine ganz wichtige Stelle für das Verständnis der christlichen Religion überhaupt zu sein, die so etwas wie einen Dualismus zwischen Gott und dem Teufel aufspannt, quasi als gleichberechtigte Partner.

Wer das Buch Hiob aufmerksam liest, muss erkennen, dass dies eine etwas verzerrte oder missverstandene Deutung ist.

Der Teufel ist, so können wir dem Buch Hiob entnehmen, ein Sohn Gottes und besitzt keinerlei Selbständigkeit.

Er ist ein Geschöpf Gottes, vielleicht sogar ein von den Menschen konstruiertes und in die Religion eingeführtes, um eine Personifizierung des Bösen im Aussen zu erhalten. Die Bilder des Teufels in der Literatur und der Malerei zeugen von christlicher Phantasie, gefördert von einer Kirche, die mit dem Thema Angst ihre Schäflein bei der Stange halten will.

Wie die anderen Gottessöhne, die nicht näher beschrieben sind, ist auch er ein Diener des Herrn und kann ohne Einwilligung Gottes keinerlei Aktionen im Sinn von Böswilligkeit und Verleiten zu sündhaftem Tun gleich welcher Art auch immer starten. Er ist sozusagen Befehlsempfänger!

Er besitzt Macht nur in dem Masse, als Gott sie ihm zugesteht.

Darauf deuten auch schon die fragenden Worte des Herrn hin: „Woher kommst du?" – quasi als Informationsbefehl: „Was treibst du eigentlich oder wo treibst du dich herum?"

Der Satan antwortet: „Vom Umherschweifen der Erde und vom Umherwandeln auf ihr."

Diese Antwort weist schon auf den „Tätigkeitsbereich" des Satans hin. Er zieht dort seine Kreise, wo es für ihn etwas zu holen gibt, wo er Menschen und Menschenseelen für seine Sache einfangen kann.

Nunmehr beginnt Hiob zur Hauptfigur zu werden. Denn der

Herr fragt nicht nach anderen Menschen sondern ganz gezielt nach Hiob: „Hast du meinen Knecht Hiob beachtet? Es gibt ja seinesgleichen keinen auf Erden: fromm und recht, gottesfürchtig und dem Bösen abhold."

Für den Teufel natürlich eine Provokation. Jemand der das Böse, sein ureigenstes Metier, meidet! Den sollte man doch einmal in Versuchung führen. Dementsprechend ist auch seine Reaktion auf die Worte des Herrn.

„Ist es umsonst, dass Hiob Gott fürchtet? Umhegst du nicht ihn und sein Haus und alles, was sein ist, ringsumher? Segnest du nicht das Werk seiner Hände, und breitet sich nicht sein Besitz im Lande aus? Aber strecke einmal deine Hand aus und taste alles, was sein ist, an! Ob er dir dann nicht ins Angesicht flucht?"

Ja, so ist die Meinung Satans, wenn jemand reich ist, von allem genug hat und zudem vom Glück beschenkt ist, für den ist es leicht, gottesfürchtig zu sein. Er unterstellt also eine gewisse „Handelsbeziehung" zwischen dem Herrn und Hiob. Seine Gottesfurcht also nur eine Art Dank für das Wohlergehen oder das vom Schicksal, was immer das sein mag, so geschenkte gütige Behandelt-Sein. In dem Wort „umsonst" steckt schon eine gewisse Provokation des Herrn, der aber nicht darauf eingeht.

Und nun kommen die unverständlichen, wenn nicht gar befremdlichen Konzessionen des Herrn: „Wohlan, alles, was sein ist, sei deiner Hand überlassen; nur nach ihm selbst strecke deine Hand nicht aus!"

Und der Satan ging weg vom Antlitz des Herrn.

Wir wissen nicht, was den Autor (oder waren es gar mehrere?) des Buches Hiob veranlasst haben mag, diese Geschichte zu schreiben. Und vor allem: Was gab den Anlass, dieses Buch in den kanonischen Teil des Alten Testaments unterzubringen und nicht in den Apokryphen?

Ebenso wenig wissen wir, ob es sich um eine tatsächlich statt-gefundene Geschichte handelt oder ob sich der Autor ein ähnlich gelagertes Geschehen als Vorlage genommen hat. Oder ist dieser Vorspann insgesamt nur aus dramatischen Gründen vorgeschal-tet?

Das Thema scheint aber spätere Generationen immer wieder fasziniert zu haben.

Man denke an den Prolog im Himmel in Goethes „Faust I".

Dort spricht der Herr: „Kennst du den Faust?".

Mephistopheles kommt mit ähnlichen Einwänden wie der Satan bei Hiob.

So lesen wir im Faust:

Mephistopheles: Was wettet ihr? Den sollt ihr noch verlieren, wenn ihr mir die Erlaubnis gebt,

ihn meine Strasse sacht zu führen.

Der Herr: So lang er auf der Erde lebt,

so lange sei dir's nicht verboten.

Es irrt der Mensch, so lang er strebt.

Der religiös gestimmte Mensch und Leser wird sich des Ein-wandes nicht enthalten können: Wie kann Gott wissentlich zu-lassen, dass einem Menschen grundlos – wie man meint – Unheil zugefügt wird? Spricht man doch von einem gerechten Gott, einem lieben Gott. Zumal Gott selbst von Hiob als gottesfürchti-gem Menschen spricht.

Was mag den Teufel geritten haben, vom Herrn diese Erlaubnis zu erfragen? Ist ihm Hiob in seiner Gottesfürchtigkeit ein Dorn im Auge?

Darüber schweigt sich das Alte Testament aus.

Auf jeden Fall ist jetzt Hiob in der Hand Satans.

Und dessen Stärke ist nicht gerade Sanftmut und er lässt sich etwas Zeitadäquates (so möchte ich es einmal formulieren) einfallen.

Abbildung 1
Bartolo di Fredi; Satan bittet von Gott die Erlaubnis, Hiob
auf die Probe zu stellen. Um 1360
San Gimignano, Kollegiatskirche

Heutzutage würde sich der Satan mit Sicherheit etwas anderes einfallen lassen, so z.B. einen unbegründeten Verlust des gut dotierten Arbeitsplatzes, einen Computer-Absturz mit dem Löschen sämtlicher Daten, einen Viren-Befall, in der Finanzkrise den Verlust sämtlicher Ersparnisse oder etwas Ähnliches, wobei dies nur einige angedachte Übel sein könnten.

Die Hiobsbotschaften

Nunmehr folgt dieses berühmte Kapitel, das namentlich so oft erwähnt wird, ohne dass viele wissen, woher der Name eigentlich stammt.

Der Klarheit halber sollen die dramatischen Szenen ausführlich dargestellt werden.

Da geschah es eines Tages, während seine Söhne und Töchter im Hause ihres erstgeborenen Bruders speisten und Wein tranken, dass ein Bote zu Hiob kam und sprach: „Die Rinder waren beim Pflügen, und die Eselinnen weideten daneben. Da fielen Sabäer ein, nahmen sie weg, und die Knechte erschlugen sie mit scharfem Schwert, nur allein ich bin entkommen, es dir zu melden."

Noch redete dieser, da kam schon ein anderer und sprach: „Feuer Gottes fiel vom Himmel, brannte bei den Schafen und Knechten und verzehrte sie; nur ich allein bin entkommen, es dir zu melden."

Noch redete dieser, da kam schon ein anderer und sprach: „Chaldäer stellten drei Heerscharen auf und diese fielen über die Kamele her und nahmen sie weg, und die Knechte erschlugen sie mit scharfem Schwert; nur allein ich bin entkommen, es dir zu melden."

Noch redete dieser, da kam schon ein anderer und sprach:

„Deine Söhne und Töchter speisten und tranken Wein im Hause ihres erstgeborenen Bruders. Sieh, da kam ein mächtiger Wind von jenseits der Wüste und stiess an die vier Ecken des Hauses; es stürzte über den Kindern zusammen und sie starben. Nur ich allein bin entkommen, es dir zu melden."

Ein wahres Schrecken-Szenario! Eine Katastrophe ohne Beispiel.

Ein unbeteiligter Leser, der erst bei diesem Kapitel einsteigt und den Vorlauf nicht kennt, wird sich über die zeitliche Anhäufung wundern und keinen Zusammenhang sehen. Wir jedoch kennen die „Ursache".

Der Satan macht seine Sache teuflisch perfekt.

Die Dramatik der Szenerie wird noch dadurch gesteigert, dass Hiob überhaupt keine Zeit zur Reflexion bleibt, so schnell ist die Folge der Ereignisse.

Eine etwas gewagte, ja banale Projektion in die heutige Zeit wäre eine häufig anzutreffende Powerpoint-Präsentation, in der der Referent für die Zuschauer wichtige Fakten in Windeseile auf die Leinwand wirft.

Die gezielte Steuerung der Botschaften erkennt man daran, dass jeweils einer dem Schrecken entkommt, um es Hiob zu melden. Er soll es schnell und direkt erfahren.

Der Satan will Hiobs Gottesfurcht mit allen ihm zur Verfügung stehenden Mitteln prüfen und gegebenenfalls in Frage stellen.

Hiobs Reaktion

Hiob hat alles verloren, seinen Besitz, seine Herden (gerade im Vorderen Orient ein wichtiger Besitz) und seine Zukunft, nämlich seine Kinder.

Man muss gespannt sein, wie Hiob jetzt reagieren wird.

Dazu wieder der Originaltext:

Da erhob sich Hiob, zerriss sein Gewand, schor sein Haupt, fiel zur Erde nieder, beugte sich anbetend und sprach: „Nackt kam ich aus dem Schoss meiner Mutter, und nackt kehre ich dorthin zurück. Der Herr hat gegeben, der Herr hat genommen, der Name des Herrn sei gepriesen!"
Bei alldem hat Hiob nicht gesündigt und gegen Gott nichts Törichtes geäussert.

Eine erstaunliche Reaktion.

Man stelle sich einmal einen der Super-Reichen, der Multimillionäre oder Multimilliardäre vor, der von einem solchen Geschick getroffen wäre. Wie würde der wohl reagieren?

Gerade in der Finanzkrise der letzten Jahre hat es viele Hazardeure böse getroffen.

Wohl niemand würde ähnlich wie Hiob reagieren, denn zu tief wäre der Fall: Ohne Geld, ohne Freunde (denn die verliert man schnell, wenn man nichts mehr hat) und ohne Besitz. Das Familiäre soll einmal ausgeklammert werden.

Man kann sich lebhaft vorstellen, wie diese Menschen ihren Zorn auf andere abladen, nicht aufhören zu klagen und Schuldzuweisungen en gros in die Welt entlassen. Ihre Geldgier ist natürlich aus ihrer Sicht ein zu vernachlässigender Faktor!

Nichts dergleichen bei Hiob.

Seine Äusserung „Nackt kam ich ..." enthält eine grosse Lebensweisheit. Es zeigt die Vergänglichkeit von Geld und Gut. Niemand kann etwas aus diesem Leben mitnehmen, alles muss wieder abgegeben werden beim Verlassen der irdischen Hülle.

Im Volksmund heißt es: Das letzte Hemd hat keine Taschen!

Eine ebensolche Ergebenheit in den Willen des Schicksals

(oder sollte man es gleich Gott nennen?) zeigt seine Äusserung: „Der Herr hat gegeben, der Herr hat genommen,...“

Die Behauptung Satans, er würde in seinem Leid dem Herrn ins Angesicht fluchen, erweist sich als Chimäre.

Disput im Himmel Teil 2

Und erneut treffen sich die Gottessöhne vor dem Herrn, unter ihnen auch wieder der Satan.

Wieder stellt Gott die Frage: „Woher kommst du?“

Widerum gibt Satan zur Antwort: „Vom Durchschweifen der Erde und vom Umherwandeln auf ihr.“

„Hast du meinen Knecht Hiob beachtet? Er hat sich nicht geändert. Du hast mich vergeblich gegen ihn gereizt, ihn zu verderben.“

Doch Satan lässt nicht locker.

„Haut für Haut! Es gibt doch der Mensch alles was er hat für sein Leben hin! Aber strecke einmal deine Hand aus und taste sein Gebein und Fleisch an. Ob er dir dann nicht ins Angesicht flucht!“

Hat Hiob nicht schon genug gelitten, hat er sich nicht im Leid bewährt? Muss er denn noch einmal geprüft werden?

Gott geht erstaunlicherweise erneut auf den Handel mit dem Satan ein: „Wohlan, er sei deiner Hand überlassen; nur sein Leben schone!“

Welche Teufelei mag sich der Teufel nunmehr mit diesem Freibrief ausdenken?

Er schlägt Hiob mit bösem Geschwür von der Fusssohle bis zum Scheitel.

Es juckt, es brennt, es schmerzt. Der Mensch ist entstellt.

Hiob nimmt sich eine Tonscherbe um sich damit zu kratzen,

während er inmitten eines Aschehaufens sitzt.

Nunmehr tritt erstmals seine Frau (ohne Namen) in Erscheinung, die sich bislang zu dem eingetretenen Unheil mit keinem Wort geäussert hat.

Abbildung 2
Georges de la Tour
Hiob wird von seiner Frau verhöhnt, 1632 - 1635
Epinal, Musée Departemental des Vosges

25

Was hast du nun von deinem frommen Gehabe, möchte man frei übersetzen, wenn sie enttäuscht oder gar erbost sagt: „Hältst du immer noch fest an deiner Frömmigkeit? Fluche Gott und stirb."

An Hand der gravierenden Symptomatik muss seine Frau befürchten, dass sein Tod nur noch eine Frage von Tagen ist.

Ihre Haltung ist aus menschlicher Sicht verständlich, denn unter diesen Umständen muss sie damit rechnen, dass auch sie zum Leidens-Opfer, zur Witwe wird.

Hiob lässt sich nicht beirren: „Du redest wie eine Törin! Wenn wir schon das Gute von Gott annehmen, sollen wir das Schlechte nicht auch annehmen?"

Bei all dem hat Hiob mit seinen Lippen nicht gesündigt.

Einiges mag dem Leser fremd anmuten.

Das liegt daran, dass vieles aus dem damaligen Gedankengut des Vorderen Orients eingeflossen ist.

So bedarf der Satz „Haut für Haut" einer Erklärung.

J. Ebach schreibt in seinem Buch „Streiten mit Gott" versuchsweise erklärend, es könnte heissen „aber wenn es ihm an die eigene Haut geht." Aber diese Redewendung entstammt wohl eher den Gepflogenheiten des Tauschhandels der Beduinen mit Tierhäuten, die ein wichtiges Handelsgut waren. Denn der Reichtum bemass sich oft am Besitz von Tieren.

Für Hiob bedeutet sein jetziges Leiden noch mehr als nur Schmerzen und Juckreiz. Gemäss den Vorstellungen der damaligen Zeit gilt er nunmehr als unrein und wird aus der menschlichen Gemeinschaft ausgeschlossen. Quasi ein Geächteter!

Man könnte sich vorstellen, dass er irgendwo ausserhalb der Siedlung in einem Aschehaufen unter einer schattigen Palme sitzt und seine Frau ihn allein, wenn auch mit Abscheu, betrachtet.

Welch eine Dramatik!

In kürzester Zeit – über den Abstand zwischen den beiden Ereignissen ist nichts bekannt – treffen Hiob diese verheerenden Schicksalsschläge.

Vorerst jedoch hört man keine Klagen aus seinem Munde.

Das wird sich alsbald ändern.

Abbildung 3
Albrecht Dürer; Hiob und seine Frau
(Fragment des Jabach-Altars, 1503)
Frankfurt, Städelsches Kunstinstitut

Die Ankunft der Freunde

Es war eine Zeit, die noch nicht über die heute allgegenwärtigen Kommunikationshilfsmittel verfügte. Trotzdem hören drei Freunde aus verschiedenen Gegenden von seinem Unglück und brechen auf, ihn zu trösten:

Eliphas, der Temanit, Bildad, der Schuchit, und Zophar, der Naamatit.

Mit Schrecken stellten sie schon von weitem fest, dass sie ihn kaum wieder erkennen. Voller Mitgefühl weinten sie laut, zerrissen nach altorientalischem Brauch ihre Kleider und warfen Asche über ihre Häupter gen Himmel.

Es gibt Bestrebungen, die Herkunftsorte der Freunde geografisch näher zu beleuchten, aber das hat meines Erachtens mehr religionstheoretische Aspekte, die uns weniger interessieren sollen. Man kann nur eine Lage nicht allzu weit vom Lande Uz annehmen.

Und dann folgt eine einmalig-ergreifende Beileidsbekundung.

Sie sitzen bei Hiob auf der Erde sieben Tage und sieben Nächte lang. Keiner von ihnen richtete ein Wort an Hiob. Sie sahen, dass sein Schmerz sehr gross war.

Dieser vorletzte Satz ruft natürlich bei uns gewisse Zweifel hervor. Wie können es Menschen aushalten, wenn sie nicht gerade indische Asketen sind, so lange zu verharren. Anzunehmen ist, dass hier eine Art dichterische Erhöhung stattgefunden hat, um die Dramaturgie des Geschehens hervorzuheben.

Die mythisch-mystische Zahl Sieben unterstreicht die Absicht nochmals.

Die drei sind wohl Freunde Hiobs in guten Zeiten gewesen (mehr wissen wir nicht über sie) und stehen zu dieser Freundschaft auch im Leid des anderen.

Abbildung 4
Jean Fouquet; Hiob in der Asche
Miniatur aus dem Stundenbuch des Etienne Chavalier;
1450, Chantilly, Musée Condée

Hiobs Leiden

Abgesehen von der Antwort an seine Frau hat Hiob bislang zu seinem Leiden geschwiegen.

Nunmehr jedoch, da er geeignete Gesprächspartner um sich glaubt, bricht es aus ihm wie eine Vulkaneruption hervor.

Er verflucht den Tag seiner Geburt.

„Warum denn starb ich nicht vom Mutterleibe weg, kam aus dem Schoss hervor und schied dahin?"

Er möchte quasi diesen Tag aus der Geschichte, aus seiner Geschichte, streichen, ihn in seiner Existenz leugnen, er möge nie stattgefunden haben und damit auch sein Leben nie begonnen haben.

Abbildung 5
William Blake; Die Klage Hiobs, um 1786
San Francisco, Fine Arts Museum

Eine etwas irreale Klage, denn wer kann Zeit und Vergangenheit löschen.

Manch pessimistisch eingestellter Mensch könnte ähnliche Klagen von sich geben, wie: Es sei besser nie den Schritt in diese

Welt getan zu haben oder wenn schon, dann gleich nach der Geburt den letzten Atemzug getan zu haben.

In blumigen Worten klagt er unter anderem über die Ungerechtigkeit dieser Welt:

„Warum ist das Licht gegeben den Mühseligen und das Leben den betrübten Herzen."

Auch in heutiger Zeit hört man immer wieder die verzweifelte Äusserung: „Wie kann Gott Leid, Not, Elend und Krieg zulassen?"

Man könnte eine weitere Parallele zur Neuzeit ziehen. In unserer global vernetzten Welt und der ständigen Fernseh-Präsenz erfahren wir ständig über Morde, Unglücke, Überschwemmungen, Atomreaktorprobleme, Tsunamis oder Erdbeben, die uns in ihrer Vielfalt und fernen Dramatik ein wenig abstumpfen lassen. Nur wenn es um uns selbst geht, unsere Familie, dann erscheint alles in einem ganz anderen aktuellen Licht.

Und zum Schluss der ihn bezeichnende oder charakterisierende Satz:

„Denn was ich gefürchtet habe, ist über mich gekommen, wovor mir graute, das kam über mich!"

Diese Aussage lässt ein Licht auf geheime Gedanken und Befürchtungen Hiobs zu. Was mag in seinem Kopf vor sich gegangen sein? Dachte er bei sich, wie kann es sein, dass mir der Herr so viel gegeben hat, mich mit Reichtum und Nachkommenschaft beschenkt hat, während andere mit Leid und Sorge ihre Tage verbringen? Ist es ihm in stiller Stunde manchmal fast unheimlich vorgekommen, so vor allen anderen hervorgehoben und ausgezeichnet zu sein? Daher sicher auch seine vorsorglichen Bemühungen nach dem Feiern seiner Kinder. Hatte er eventuell Angst, dass ihre möglichen Verfehlungen bei Wein und Essen ihn als Vater treffen könnten? Wie sonst ist der Satz verstehbar: „Denn was ich gefürchtet habe, ist über mich gekommen!"

Ein wenig nimmt er mit seiner Aussage Erkenntnisse der modernen Psychologie oder Psychodynamik voraus. Wer ständig in Abwehr wegen vielfältiger Phobien lebt, läuft in Gefahr, dass gerade das, was in seiner Angst so akzentuiert und lebendig ist, ihn auch treffen kann, zumal wenn er ein sensibler Mensch ist.

Unrast und Ruhelosigkeit sind die Symptomatik, über die Hiob abschliessend klagt.

Was sollen nun die Freunde auf diese Klagen antworten? Wie können sie ihn überhaupt trösten? Haben sie ein offenes Ohr für sein Leiden?

Der Dichter oder Verfasser lässt sie in der oben angebenen Reihenfolge antworten.

Eliphas, der Temaniter

Vorsichtig startet Eliphas seine Replik, mit dem Wunsch, Hiob möge ihm doch seine ehrliche Meinung nicht übel nehmen. Anderen hätte Hiob ja geholfen, ihnen Mut zugesprochen und sie aufgerichtet. Jetzt hingegen, wo es ihn selbst trifft, sei er ungeduldig und verdrossen. Wo blieb seine Gottesfurcht?

Und dann folgt der harte Satz, der einer Vermutung oder Anschuldigung gleichkommt: „Bedenk doch, wer ging je schuldlos zugrunde und wo sind Redliche vernichtet worden?"

Und weiter geht es noch deutlicher: „Wer Bosheit pflügte und wer Unheil säte, der muss dies auch ernten!"

Dabei bleibt es nicht, sondern in poetischer Form steigert sich Eliphas weiter:

„Denn nicht aus dem Staube wächst Unheil hervor, und nicht aus der Erde sprosst Mühsal auf, sondern der Mensch erzeugt die Mühsal, wie junge Adler, die allzu hoch fliegen!"

Diese Sätze müssen Hiob zutiefst treffen, den sie konstruieren ganz eindeutig einen Zusammenhang zwischen den Handlungen eines Menschen und seinem Schicksal. Leid, Schmerz und Krankheit kommen also nicht ohne Grund daher geflogen.

Doch Eliphas besinnt sich und fühlt, dass er zu weit gegangen ist.

Man kann doch einem Leidenden in seinem Leid nicht noch Vorwürfe machen oder nach Verschulden suchen lassen.

Und so versucht er mässigend und tröstend auf Hiob einzuwirken:

„Siehe, selig der Mensch, den Gott straft. Darum verschmähe die Mahnung des Allmächtigen nicht! Denn er verwundet und er verbindet; er schlägt und seine Hände heilen auch. In sechs Bedrängnissen wird er dich erretten, in dem siebten berührt dich kein Leid mehr."

Ein entscheidender Satz soll aus der Rede des Eliphas noch erwähnt werden: „Ist wohl ein Mensch gerechter als Gott, oder ist jemand reiner als sein Schöpfer?

Sieh, selbst seinen Dienern vertraut er nicht und an den Engeln stellt er Mängel fest!"

Kühne Worte der Unterstellung.

Im nächsten Satz fügt er hinzu, dass Gott erst recht an den Erdenbewohnern, den Menschen also, so seine Zweifel hegt.

Hiobs Antwort auf Eliphas

Nun legt Hiob richtig los.

„Könnte doch mein Kummer gewogen werden und mit meinem Leid zusammen auf eine Waage gelegt werden. Es ist schwerer als der Sand am Meer!"

Für den Ägyptologen zeigt sich in diesem Satz eine gewisse Analogie zu den Vorstellungen der Alten Ägypter, bei denen der Mensch bei seinem Ableben von der Göttin Ma'at gewogen und somit seine Reinheit für den Übertritt in das Reich des Osiris ermittelt wird.

„Die Pfeile des Allmächtigen stecken in mir; es trinkt mein Geist ihr Fiebergift."

Verzweifelt spricht Hiob von einer Todessehnsucht, um diesen Qualen zu entgehen.

Zermalmen soll Gott ihn, seinen Lebensfaden abschneiden.

Das Bild des Lebensfadens erscheint später oder zugleich auch in der griechischen Mythologie. Der Lebensfaden ist im griechischen Mythos Symbol für das menschliche Leben. Lachesis ist die mittlere der drei Moiren, die die Länge des Lebensfadens bestimmt, der von ihrer Schwester Atropos durchtrennt wird.

„Gibt es denn für mich keine Rettung mehr?" schreit Hiob auf.

Und dann bricht in ihm die Enttäuschung über seine Freunde durch. Nichts als Worte haben sie ihm zu bieten, kein Wort des Mitgefühls, das er erhoffte.

„Lehret mich und ich werde schweigen. Lasst mich wissen, worin ich gesündigt habe!"

Die tröstenden Versuche von Eliphas empfindet er als Hohn. So kann nur jemand Ratschläge geben, der nicht vom Leid betroffen ist.

Die Tage und die Nächte sind für ihn zur Mühsal geworden.

„Mein Leib ist umkleidet mit Maden und Krusten von Staub, meine Haut schrumpft und nässt."

Die nächsten Sätze beschreiben in poetischer Klage-Form seine Zeitempfindung;

„Meine Tage eilen schneller vorüber als ein Weberschifflein und schwinden dahin ohne Hoffnung! Bedenke, dass mein Leben nur ein Hauch ist; nie mehr wird mein Auge Glück erschauen!"

Die Worte des Selbstmitleids nehmen kein Ende: „Eine Wolke schwindet und zieht von dannen. Wer in das Reich der Toten hinabsteigt, kommt nie wieder empor. Nie wieder kehrt er zurück in sein Haus!"

Diese Einstellung weicht so gänzlich von der altägyptischen Religionsvorstellung ab, die wohl die Israeliten bei ihrem Exodus aus Ägypten nicht übernommen haben. Dieses irdische Leben erscheint dort wie eine Vorbereitung auf das ewige Leben, Denn nicht umsonst bauten sich die Pharaonen und hohen Würdenträger, die das nötige Kleingeld hatten, schon zu Lebzeiten ihr Haus für die Ewigkeit.

Zum Glück für die Nachwelt, sonst hätten wir nie die Grabesschätze von Tut-ench-amun kennen gelernt. Was müssen erst Amenophis III oder Ramses II für Gräber gehabt haben? Leider waren dort die Grabräuber unerbittlich in ihrer Gold-Gier und haben alles .an sich gerissen und die Goldschätze eingeschmolzen.

Nun werden die Klagen Hiobs auch gezielter, obwohl er den Namen Gottes per se nicht ausspricht. Denn er fühlt sich durch nächtliche Träume und Trugbilder geängstigt. Lieber wollte er den Tod als die ständigen Schmerzen. Und diese Adresse ist an Gott gerichtet:

„Laß ab von mir, denn meine Tage lösen sich auf wie Nebel in der Sonne!"

Hiob glaubt sich unter ständiger Beobachtung Gottes und versteht nicht, warum er zur Zielscheibe auserkoren wurde. Seine Verfehlung, so er denn welche begangen haben sollte, möge ihm doch endlich vergeben werden. Dann nämlich könnte er in Ruhe sterben.

„Dann suchst du mich – und ich bin nicht mehr da!"

Bildad, der Schuchit

Bildad hat natürlich den Dialog zwischen Hiob und Eliphas genau verfolgt. Mit leicht empörter Stimme greift er daher ins Geschehen ein:

„Wie lange willst du eigentlich noch solche Reden schwingen? Du machst viel Wind und nichts dahinter!"

Gott bricht kein Recht, Gott ist gerecht. Und wenn die Söhne und Töchter gesündigt haben, so hat sie die Strafe zu Recht getroffen.

In dieser Hinsicht hat Bildad kein Mitgefühl mit Hiob.

Was aber Hiob selbst betrifft, so glaubt Bildad, dass Gott ihm verzeihen wird, wenn er um Gnade fleht. Und all sein Hab und Gut wird ihm um ein Vielfaches vermehrt zurück erstattet werden.

Das sind gewiss schöne Trostworte, doch mögen sie einen Menschen in solchem Leid überhaupt erreichen?

Denn niemand kann sich in ein Gegenüber in einem derartigen Elend versetzen. Daher wirkt so mancher gut gemeinte Satz beim Empfänger inhaltsarm und seltsam blutleer.

Dann geht Bildad noch etwas weiter.

Er weist darauf hin, wie wichtig es ist, aus den Erfahrungen der Vorväter zu lernen. Wer das vergisst, ist wie eine Papyrus-Pflanze, die auf Wüstenboden vertrocknet oder eine Binse, der das Wasser fehlt.

Ebenso ergeht es allen, die Gott vergessen.

Aber der Herr lässt die Frommen nicht im Stich, den Frevlern hingegen verweigert er die Hand.

Wenn denn Hiob nicht gesündigt hat, dann wird sein Mund wieder mit

Lachen erfüllt werden und er wird wieder jubeln können.

Und all diejenigen, die ihn hassen und sich von ihm abwandten, wird der Herr bestrafen.

Die beiden Reden von Elphas und Bildad ähneln sich vom Aufbau ein wenig. Den anfänglich anklagenden Worten folgen am Schluss, fast wie vom schlechten Gewissen geplagt, tröstliche Sätze.

Hiobs Antwort auf Bildad

Um die Freunde nicht gänzlich zu verprellen – immerhin haben sie eine grosse Reise auf sich genommen und zu Hause Familie und Gesinde allein zurück gelassen – geht Hiob etwas einlenkend auf sie ein.

Im Gegensatz zu seiner Antwort auf Eliphas, in der er den Namen des Herrn nicht aussprach, sondern nur zögerlich und vorsichtig umschrieb, wird er in seiner jetzigen Replik wesentlich deutlicher.

Er konzediert, dass der Mensch gegenüber Gott nie im Recht sein kann. Nicht eine einzige von tausend Fragen könnte der Mensch ihm beantworten!

Es folgen Sätze, die wie eine Verbeugung vor Gott ausschauen.

„Er ist in der Lage, Berge zu versetzen, und sie merken es gar nicht. Er erschüttert die Erde, dass alle Säulen wanken. Die Sonne erlischt auf seinen Befehl und die Sterne zeigen sich nicht mehr. Unerforschliche Dinge gehen von ihm aus, Wunderdinge ohne Zahl. Geht er an mir vorbei, so merke ich es nicht. Wen er hinwegraffen will, wer könnte sich dagegen wehren."

Und dann folgt noch eine etwas freche Adresse an Gott, die in ihrer Aussage sein eigenes Schicksal anklingen lässt:

„Wer kann zu ihm sagen: Was tust du da?"

Die nächsten Sätze sind noch etwas pointierter, da Hiob jetzt sein persönliches Leid anspricht.

„Was könnte ich ihm erwidern? Selbst wenn ich im Recht bin, wie kann ich ihm das vermitteln? Er ist der Stärkere und lässt sich durch meine Einwände nicht im geringsten berühren! Selbst wenn ich im Recht wäre, läge es in seiner Macht, mich trotzdem schuldig zu sprechen!"

Am liebsten würde man wie ein Zuschauer im Kino oder im Fernsehen diese Szenen authentisch mit erleben. Als Zeitzeuge quasi.

Auf der einen Seite der Gequälte mit seiner Aussage: „Selbst wenn ich mich von Kopf bis Fuß gereinigt hätte, würdest du mich wieder in Kot und Unrat tauchen, dass selbst meine Kleider sich vor mir ekeln würden!" und auf der anderen Seite die drei Freunde, von denen bereits zwei ihm ihre Thesen vorgehalten haben: „Kein Mensch erleidet von Gott Leid oder Krankheit, wenn er sich nichts zu Schulden kommen ließ!"

In ihren Augen ist das Verhältnis zwischen Mensch und Gott ein Kalkulierbares. Wie ein Geschäft. Wohlverhalten gegen Gesundheit und Wohlbefinden.

Salopp könnte man sagen: Von nichts kommt nichts!

Oder noch salopper: Wie ich dir so du mir!

Allerdings stoßen diese Verknüpfungen für Hiob in seiner aktuellen schmerzhaften und trostlosen Lage auf wenig Verständnis.

Jeder Mensch in einer ähnlich aussichtslosen Lage wird Hiob verstehen. In einem solchen Zustand ist man für theoretische und intellektuelle Gedankenspielereien nur schwerlich erreichbar. Auch wenn sie aus der Sicht des angeblich Trost-Sprechenden noch so gut und hilfreich gemeint sind.

So zieht Hiob seine Konsequenzen: „Den Schuldlosen und den Frevler vernichtet er!"

In seinem Inneren taucht die nicht ausgesprochene Frage auf:

„Lohnt es sich überhaupt ein gottesfürchtiges Leben zu führen? Wird dieses Verhalten von Gott überhaupt gewürdigt? War all mein bisheriges Walten auf dieser Erde umsonst?"

Und dann folgen zwei schwerwiegende Sätze, die verschieden übersetzt werden.

In einer Übersetzung lese ich:

„Die Erde ist in Frevlerhand gegeben, das Antlitz ihrer Richter deckt er zu. Wenn er es nicht ist, wer dann?"

Die Luther-Bibel ist in ihrer Übersetzung ein wenig vorsichtiger:

„Das Land aber wird gegeben unter die Hand des Gottlosen, und der Richter Antlitz verhüllt er. Ist's nicht also, wer anders sollte es tun?"

Sollte Hiob tatsächlich so weit gegangen sein und in all seinem Leid sich in diese bislang stärkste Anklage verstiegen haben?

Wir lassen diese Frage einmal offen, da jeder Versuch einer eigenen Interpretation ohne den Originaltext lesen und verstehen zu können, zu Missverständnissen führen könnte.

Hiobs Tage eilen dahin, keine Augenblicke des Glücks sind ihm vergönnt, kein Lachen kommt übers eine Lippen, denn die Schmerzen überlagern einfach alles.

In seiner Resignation geht Hiob sogar noch weiter.

Sein Leben scheint ihm nichts mehr wert zu sein. Daher kann er ohne Scheu und Rücksicht alles in die Welt hinausschreien.

„Ich sage zu Gott: Spricht mich nicht schuldig! Sage mir zumindest, was ich getan haben soll! Hast du denn einen Nutzen davon, dass du mich als dein Werk so ins Elend wirfst"!

Ja, er geht sogar bis zur Schöpfungsgeschichte zurück.

„Bedenke doch: Du hast mich aus Lehm geformt und wirst mich wieder zu Staub werden lassen. Mit Haut und Fleisch hast du mich umkleidet, mit Knochen und Sehnen mich zusammengewebt. Leben und Huld hast du mir geschenkt."

Und das soll alles vergeblich gewesen sein, eine Art Laune so im Vorübergehen?

Warum hat Gott ihn überhaupt aus dem Mutterschoß kommen lassen? Wäre es nicht besser gewesen, er wäre gleich gestorben, ohne dass ein Auge ihn gesehen hätte.

Den Abschluß dieser Antwort bilden Wunsch und Hoffnungslosigkeit:

„Laß ab von mir, damit ich noch ein paar frohe Tage erleben kann, bevor ich diese Welt auf Nimmerwiedersehen verlasse, hin in diese Welt voller Schwärze und Düsternis, ohne das Licht des Tages."

Im Gegensatz zur altgriechischen Religionsauffassung vom Herabwandern in den Hades, wo man als bleiche Gestalt in einem trostloses „Leben" dahinvegetiert, kennt das Alte Testament kein Danach.

Mit dem Tod ist einfach Schluß.

Danach kommt nichts mehr. Die Ideen von Reinkarnation etc. sind Gedankenspiele der Zukunft.

Zophar, der Naamatit

Es spricht für die Diskussionskultur der vier Freunde, dass keiner den anderen in seinen Ausführungen unterbricht. Im Gegensatz zu heutigen Gesprächsrunden im Fernsehen.

In Zophar brodelt es auch, er kann es gar nicht abwarten, endlich seinen Beitrag los zu werden und geht gleich vehement auf Hiob los.

„Kannst du nicht endlich mit deinem Geschwätz aufhören? Damit kann man doch keine Männer zum Schweigen bringen! Ich empfinde deine Ausführungen fast wie Spott."

Bissigerweise könnte man mit heutiger Form sagen: Wer solche Freunde hat, braucht keine Feinde!

Und Zophar legt gleich nach.

„Du sagst von dir: Deine Rede sei rein, und: Ohne Makel bist du vor seinen Augen. Es wäre wünschenswert, wenn sich Gott in diese Diskussion einschalten könnte. Er würde dir Geheimnisse voller Weisheit verraten. Sicher würde er dir deine Schuld nachsehen."

Danach beschreibt er allegorisch die Größe Gottes und wie gering des Menschen Maß dagegen ist. Daher kennt er die Frevler ganz genau und achtet auf jegliches Unrecht.

„Bring dein Herz in Ordnung, werde einsichtig und strecke bittend deine Hände zu ihm auf. Hast du tatsächlich Unrecht getan, versuche deine Sünde wieder gut zu machen, dann kannst du ihm furchtlos und mutig ins Angesicht schauen."

Die Rede Zophars ähnelt den Reden der beiden anderen Freunde.

Denn zum Schluß versucht er noch Tröstliches in seine Worte einzuflechten.

„Du wirst alle Mühsal vergessen, als ob fließendes Wasser es hinweggespült hätte. Hell wird dein Tag werden und die Dunkelheit wird einem neuen Morgen weichen."

Hiob wehrt sich

Man kann sich lebhaft vorstellen, wie es in Hiob kocht.

Dreimal musste er sich Belehrungen anhören. Und selbst die tröstlichen Schlußworte der Freunde täuschten nicht darüber hinweg, dass sie ihn als schuldig erachteten.

Und dementsprechend ist auch seine fast sarkastisch anmutende Reaktion.

„Wahrhaftig, ihr seid schon besondere Leute und ich habe den Eindruck, mit euch stirbt die Weisheit aus. Aber meine Mitmenschen sind so gepolt, dass sie über mich und auch andere lachen, wenn man Gott persönlich anruft und erwartet, dass er antwortet. Und eben solchen Spott zieht sich der Gerechte zu, der schuldlos ist."

Fast im gleichen Atemzug zeigt er sich entrüstet über die offenbare Ungerechtigkeit in dieser Welt:

„Übeltäter sitzen unbehelligt in ihren Zelten. Selbst die, die Gott erzürnt haben, wiegen sich ungestraft in Sicherheit!"

Dann springt Hiob auf ein gänzlich anderes Thema über. Wer sich auf der Welt umschaut, der muß erkennen, dass die Hand Gottes alles erschuf: Die Tiere, die Vögel am Himmel, alle Pflanzen dieser Erde und auch die Fische im Meer – sie sind lebendige Zeugen vom Wirken des Herrn.

Man ist irrigerweise der Ansicht, ältere Menschen seien weise, und langes Leben führe zur Einsicht. Dem aber ist nicht so. Nur bei Gott ist tatsächlich Weisheit und Stärke. Er vermag das Wasser zurück zu halten und das Land trocknet aus. Aber ebenso ist er in der Lage, Überschwemmungen zu bewirken und die Erde ertrinkt im Wasser.

Könige, Priester, Ratsherren und Redner – sie stehen in seiner Gewalt. Manch ein Volk wird von ihm zur Macht und zu Ansehen geführt und ebenso versinkt es wieder in der Bedeutungslosigkeit.

Und jetzt wieder an die Freunde gewandt:

„Glaubt ihr wirklich allen Ernstes, diese Dinge sind mir nicht bewusst? Mit eurem Wissen kann ich mich allemal messen. Aber ich will lieber mit Gott reden als mit euch."

Jetzt bricht wieder die Enttäuschung über die Freunde in ihm durch:

„Freunde wollt ihr sein? Ihr seid Lügenvermehrer, nichts weiter! Unfähige Ärzte, nicht in der Lage, einen Leidenden zu verstehen. All das was ihr mir so erzählt habt, denkt ihr vielleicht, das ist mir nicht bekannt? Ihr tätet mir einen Gefallen, wenn ihr fortan schweigen würdet."

Da Hiob bei den Freunden keinen Widerhall findet, möchte er sich direkt an Gott wenden.

„Ich will nur noch mit dem Allmächtigen reden. Mein innigstes Begehren ist, ihm zu zeigen was Recht ist!"

Und den Freunden gibt er noch eins drauf:

„Was ihr mir so als eure Weisheiten verkündet habt, das ist so nichtig wie der Staub auf den Wegen. Und eure Antworten auf meine Fragen sind wie Häuser, die man auf Sand gebaut hat."

Immer wieder wendet sich Hiob in seiner Verzweiflung direkt oder indirekt an Gott.

Er versucht seine Person zu verteidigen und pocht auf sein Recht. Selbst wenn Gott ihn tötete, wozu er zweifelsohne in der Lage wäre, er möchte sich vor ihm rechtfertigen. Und er rechnet sich eine Chance aus, da, wie er sagt, ein Gottloser nie vor Gottes Angesicht vorgelassen würde. Aber nicht nur das, er geht noch weiter:

„Ich lasse mich gern auf einen Rechtsstreit einlassen, denn ich bin im Recht! Aber wo bleibt mein Prozeßgegner eigentlich?"

Der Zorn über seine Freunde hat ihn jetzt richtig in Rage gebracht.

An Gott gewandt:

„Zwei Dinge tu mir bitte nicht mehr an: Nimm deine strafende Hand von mir und höre auf mich zu ängstigen! Dann rufe mich und ich will Rede und Antwort stehen. Oder ich wende mich an dich und dann möchte ich deine Entgegnung hören."

Wann hat zuvor ein Mensch es gewagt, so mit Gott zu reden?

Den Freunden wird mit Sicherheit Angst und Bange. Und Hiob setzt noch eins drauf:

„Warum verbirgst du dein Angesicht vor mir. Bin ich denn dein Feind, den du wie ein Herbstblatt über dürre Stoppelfelder vor dir hertreibst?"

Hiob springt themenmäßig ein wenig hin und her. Ging es eben gerade um ihn selbst, so wechselt er zu einer sentimentalen Betrachtung über das Leben an sich.

Wenige Tage nur sind dem Menschen hier auf dieser Erde vergönnt. Unruhig und wechselhaft sind seine Tage. Er gleicht einer Blume, die im Frühling aufblüht und dann dahinwelkt. Ein flüchtiger Schatten ist er nur. Gott bestimmt die Anzahl seiner Lebenstage. So ganz anders ist dagegen ein Baum. Man fällt ihn und trotzdem kommen aus dem Stumpf wieder neue Triebe hervor. Selbst wenn in der Erde auch die Wurzel zerfällt, so treibt er beim Zutritt vom Wasser wieder aus und es bilden sich wieder Zweige. Ganz anders ein Mann! Von einer Frau ist überhaupt nicht die Rede.

Stirbt er, dann ist alle Kraft aus ihm gewichen. Und vor allen Dingen: Wo ist er dann überhaupt? Ein Leben nach dem Tod, ein Leben im Jenseits scheint nach damaliger Auffassung, die auch

Hiobs ist, völlig ausgeschlossen.

Dann aber artikuliert Hiob ganz eigenartige Vorstellungen. Könnte es sein, dass der Schmerz und die Ausweglosigkeit sein Denken beeinträchtigt haben?

Hiob stellt sich vor, Gott könnte ihn in der Unterwelt (andere übersetzen mit Totenreich) verstecken und vergessen, bis sich irgendwann sein Zorn gelegt hat. Ihm also eine Art Gnadenfrist einräumt, bis er sich seiner wieder entsinnt.

Eine etwas merkwürdige Schlussfolgerung, besonders nachdem Hiob den Tod als letztes Ereignis im Leben eines Menschen bezeichnet hat.

Dann hofft Hiob auf einen Ruf Gottes und er würde antworten.

Anschließend unterstellt er Gott, er würde (wieder) Verlangen nach dem Werk seiner Hände verspüren.

Eine gewisse Arroganz kann man Hiob wahrlich nicht abstreiten. Nach ihm, dem einzelnen, dem kleinen Menschen soll Gott Verlangen haben?

Wie steht es da um all die anderen, die gesündigt haben und sich vor Gott rechtfertigen müssen?

Und weiter geht es mit der Hoffnung Hiobs.

Nachdem Gott sich wieder an Hiob erinnert, hätte er sicher die Fehltritte – sofern er denn welche gehabt hätte – vergessen.

Es klingt regelrecht modern, wenn Hiob sagt:

„Dann wäre meine Missetat wie in einem Beutel versiegelt."

Überdenkt man diesen Satz, so erinnert dies an die Versiegelung von Frischhaltebeuteln für die Tiefkühltruhe. Ein gar nicht mal so schlechter Vergleich. Tiefgefroren und dann bei Bedarf, übertragen auf Hiobs Verhältnisse, wenn der Herr alles vergessen hat, wieder aufgetaut.

Zugleich wäre damit auch seine Schuld zugedeckt.

Es gibt einfach auf dieser Welt nichts Dauerhaftes, an das man sich klammern könnte. Berge stürzen zusammen, Felsen verändern ihre Lage. Der harte Stein wird durch Wasser zerrieben und ein heftiger Platzregen spült das dünne Erdreich fort.

Gott lässt den Menschen von hinnen gehen, ohne dass dieser weiß, was nach ihm sein wird.

Eliphas' zweite Antwort

Die Fronten zwischen Hiob und seinen Freunden verhärten sich. Man kann sich lebhaft den gereizten Ton vorstellen, mit dem sie auf die nach ihrer Meinung fehlende Einsicht Hiobs antworten.

Das zeigt sich auch deutlich bei der zweiten Antwort von Eliphas.

Weisheit könne man Hiob in keinster Weise unterstellen, denn seine Entgegnungen erscheinen zu windig und aufgebläht. Seine Reden sind einfach untauglich und jedes Wort, das er hervorgebracht hat, ist nichtig und nutzlos. Ja, er verletzt sogar die Gottesfurcht und vergisst die Demut vor Gott. Alles was Hiob hervorgebracht hat, spricht gegen ihn, es scheint sogar so zu sein, dass er listig und gerissen die Dinge zu seinem Vorteil zu verdrehen sucht.

Sein eigener Mund würde ihn verurteilen. Seine eigenen Worte sprechen gegen ihn.

Und nun zieht Eliphas ganz kräftig vom Leder:

„Wurdest du etwa als erster der Menschen geboren und bist gar älter als Adam. Warst du wohl schon auf der Welt bevor die Hügel und Berge entstanden? Warst du etwa dabei, als Gott mit seinen Engeln Rat hielt und du dir dabei die Weisheit einverleibt hast?"

In diesem aggressiven Tonfall geht es weiter:

„Was weißt du denn schon, was wir nicht wüssten? Was verstehst du, was uns unbekannt ist?"

Da in damaliger Zeit Alter mit Weisheit verknüpft war und wurde, kommt die nächste Salve:

„Wir kennen auch viele ältere weise Männer, die älter sind als dein Vater!"

Damit will Eliphas andeuten, dass Hiob wohl von seinem Vater nicht allzu viel Weisheit geerbt oder sich wenig um das von seinen Vorfahren Übernommene gekümmert hat. Im Orient sind das ziemlich harte Anschuldigungen, zumindest damals..

Dann folgen einige merkwürdige Formulierungen, die den Gläubigen nachdenklich machen. Es geht um das Thema Reinheit.

Sogar im Umfeld Gottes, im Himmel, sind nicht alle rein, so dass Gott ihnen auch nicht trauen kann. Die Engel also, auch nicht makellos! Welch kühne Behauptung des Eliphas! Daraus folgert:

„Wie kann dann ein so einfaches, sterbliches Wesen wie der Mensch rein sein, und sogar noch gegenüber Gott im Recht sein? Und womöglich noch ein Unreiner und Verdorbener, einer der ohne mit der Wimper zu zucken Untaten begangen hat?"

In diesen Sätzen schwingt eine leichte Anklage Hiob gegenüber mit, der sich als schuldlos fühlt und mit Gott in einen Rechtsstreit treten will.

Hiob scheint etwas außer sich zu sein, denn Eliphas wirft ihm einiges an den Kopf.

„Dein Zorn geht mit dir durch! Anders kann man deine Worte nicht verstehen. Du solltest dich mal sehen. So wie du mit den Augen rollst, das ist ja zum Fürchten."

Anschließend schwingt er sich wieder oberlehrerhaft auf:

„Ich will dir sagen, was du wissen solltest. Höre mir also gut zu, denn was ich dir nahe bringen will, haben mich weise Männer gelehrt, die es wiederum von ihren Vätern übernommen haben. Niemand wird erst am Ende seines Lebens für seine Missetaten bestraft, sondern sein ganzes Leben muß der Frevler in Angst leben. Immer muß er damit rechnen, vom Schicksal getroffen zu werden. Und wenn es ihn ereilt hat, dann dürfte es kaum eine Heilung geben."

Die Anschuldigungen werden immer härter.

„Ruhe- und rastlos irrt er umher, auf der Suche nach Brot. Denn er hat etwas Ungebührliches getan: Er hat seine Hand gegen Gott ausgestreckt und Widerworte halsstarrig gegen den Allmächtigen ausgestoßen. Nie wird er Reichtum erwerben, und wenn schon, dann wird er alles wieder verlieren. Nie wird er eine rechte Heimat zur Bleibe finden. Vergleicht man ihn mit einem Weinstock, so wird kaum eine Traube ausreifen. Gleicht er einem Ölbaum, so verliert er die Blüten und keine Olive wird in seinem Laub gesehen."

Kurzum, Eliphas deutet mit blumigen, aber harten Worten auf die Schuld Hiobs hin. Diese Rede endet ohne Trost und Hoffnung.

Die Gräben scheinen unüberwindbar.

Hiobs Antwort auf die zweite Rede des Eliphas

Nach solchen Anklagen kann eine mehr als gereizte Antwort Hiobs nicht lange auf sich warten lassen.

„Was ihr mir alles so vorwerft, das habe ich schon zigmal gehört. Anstelle tröstender Worte habt ihr nur Schuldvorwürfe für mich. Es ist genug eurer windigen, unzutreffenden Worte. Oder gibt es noch einen Grund für deine Antwort? Wäre ich an eurer

Stelle, dann könnte ich ebensolche Reden schwingen und meinen Kopf über euch schütteln. Aber ich würde euch Mut zusprechen und versuchen, an eurem Leid teilzunehmen."

Dann folgt erneut die leidvolle Resignation.

„Aber was nützt es, wenn ich derartige Äußerungen von mir gebe. Deswegen hört mein Schmerz nicht auf. Tue ich es nicht, wird es auch nicht besser! Gott hat mich regelrecht zermürbt."

Jetzt springt Hiob wieder und wendet sich direkt an Gott. Ob es wohl noch direkter und anklagender geht?

Seinen ganzen Freundeskreis hat Gott durcheinandergebracht (manche Autoren übersetzen mit ‚verwüsten'), so dass er über ihn herfiel.

Die Situation hat sich dermaßen zugespitzt. Aus den eigentlichen Tröstern sind Quälgeister geworden.

Gott selbst trat als Zeuge gegen ihn auf, als Verleumder sogar. Ja, er widersprach ihm, Hiob, direkt ins Gesicht. Er fühlte sich von seinem Zorn zerfleischt und zerrissen, er knirschte darob mit den Zähnen und der Herr schaute ihn scharf durchdringend an.

Jetzt wieder über die Freunde in seiner Klage vor Gott:

„Sie zerreißen sich den Mund über mich, ihr Hohn ist wie Wangenschläge. Sie scharen sich regelrecht gegen mich zusammen. Gott hat mich an Männer ausgeliefert, die mir nicht wohlwollen. Ich bin in Frevlerhände gefallen!"

Nun ist wieder Gott direkt das Ziel seiner Rede:

„Ich lebte in Ruhe und Frieden. Da kam unversehens seine grundlose Rache über mich. Er packte mich regelrecht am Hals und warf mich nieder. Ich habe das Gefühl, als ob seine Pfeile von allen Seiten auf mich abgeschossen werden. Meine Nieren schmerzen und meine Galle läuft vor Zorn und Ärger über. Er betrachtet mich wie einen Feind und fügt mir eine Wunde nach der anderen zu!"

Seine Haut im jetzigen Zustand empfindet er wie ein Trauerkleid. Vor lauter Scham gegenüber den Mitmenschen macht er sich klein, so dass seine Stirn fast den Staub der Erde berührt. Die Augen sind vom vielen Weinen gerötet und tiefe Schatten liegen um die Augen.

Und all das, obwohl an seinen Händen keine Gewalttat klebt und er seine Gebete entrichtet hat wie es sich für einen Gläubigen gebührt.

Hiob scheint in der Tat durch sein Leid verwirrt zu ein, denn nun plötzlich schwenkt er bereits wieder ins andere Extrem.

„Seht, im Himmel ist mein Zeuge und mein Verteidiger lebt in der Höhe!"

Der nächste Hilferuf gilt wieder dem Herrn:

„Meine Freunde haben nur Spott für mich übrig, was bleibt mir anderes übrig, als mit tränenden Augen zu Gott auf zu schauen. Er ist derjenige, der den Streit schlichten möge zwischen Mensch und Gott und zwischen Mensch und Mensch."

Seiner Ansicht nach bleibt ihm nicht viel Zeit, denn der Gang ohne Wiederkehr steht ihm bald bevor.

In den folgenden Sätzen zeigt sich: Hiob scheint durch Schmerzen und Hoffnungslosigkeit verwirrt, wie er selbst zugibt. Der Spott, den er aus ihren Reden herauszuhören glaubt, trifft ihn sehr. So ruft er Gott wiederum als Bürgen an.

Dann wieder die Klage über das Gespött der Freunde.

Es folgt ein Appell an die eigene Standhaftigkeit:

„Der Gerechte soll an seinem Lebensweg weiter schreiten wie zuvor und reinen Herzens standhaft bleiben."

Die Freunde könnten sich eigentlich wieder auf den Heimweg machen, es sei denn, ein wirklich Weiser sei unter ihnen.

Dann überfällt ihn wieder das Selbstmitleid:

„Meine Tage rinnen dahin und all meine Lebenspläne und

Wünsche sind nichtig geworden. Ein Tag voller Dunkelheit reiht sich an den anderen."

Die drei folgenden Sätze sind kaum noch zu überbieten: „

„Dem Grabe rufe ich zu, du bist mein Vater! Und ihr, ihr Würmer da unten, seid meine Mutter und Schwester! Meine Hoffnung, meine Erwartung, alles zunichte, alles nehme ich mit in die Unterwelt.!"

Bildads zweite Antwort

War die zweite Antwort Eliphas' bereits von Gereiztheit getragen, so wird Bildad noch etwas deutlicher.

„Wann hörst du endlich auf mit deinem hohlen Geschwätz. Zeige Einsicht, dann können wir uns von Mann zu Mann unterhalten. Haben wir denn die weite Reise angetreten, auf dass du uns wie Vieh behandeltst und uns als unrein erachtest."

Und er setzt noch eins drauf:

„Wenn du vor Zorn zergehst, meinst du etwa, dass wegen dir die Menschheit ausstirbt oder dass sich gar die Berge in Bewegung setzen!"

Das Licht in Form von Leben und Hoffnung scheint nicht für den Frevler, sein Licht erlischt zusehends. Kein fester Tritt zeugt mehr von Energie und alles was er vorhat, gerät ihm zum Gegenteil. Er verheddert sich in den Schlingen eines Netzes, das er selbst gelegt hat.

Er stolpert.

Angst, Schrecken und Unglück sind seine Begleiter, die ihm ständig ins Gesicht schauen.

Beim Ausmalen der schrecklichen Geschehnisse entwickelt Bildad eine erstaunliche Negativ-Phantasie:

„Seine Wohnstatt gehört nicht mehr ihm, Pech und Schwefel

fallen vom Himmel. Seine Wurzeln verdorren von unten, seine Zweige verwelken, niemand wird sich seiner erinnern und sein Angedenken und Ruhm löst sich in Nichts auf. Im Licht ist kein Platz mehr für ihn, ja selbst auf der Erde ist er eine unerwünschte Person. Niemand wird sagen können, er stamme von ihm ab. Kein Nachfolger wird in seine Fußstapfen treten können. Alle Menschen in West und Ost werden mit Grausen an seine Lebensgeschichte denken, so geht es eben jedem, der Gott nicht in seinem Herzen trägt."

Hiob wehrt sich erneut

Hiob könnte verzweifeln. Gleichgültig, was er zu seiner Verteidigung anführt, er muß stets gegen drei Gegner, wie er es jetzt empfindet, argumentieren.

So ist dann auch seine Entgegnung verständlich:

„Wie lange noch wollt ihr meine Seele quälen. Eure Worte treffen mich bis ins Mark. Eins ums andere Mal bedenkt ihr mich mit Schimpf und Schande, ja, ihr beleidigt mich regelrecht. Sollte ich wirklich gefehlt haben, unwissentlich, dann ist das mein alleiniges Problem. Ihr seid nicht in der Lage, eure Vorwürfe gegen mich zu beweisen. Ihr müsst anerkennen, dass Gott mich ungerecht behandelt und mich wie in einem Fangnetz hilflos fesselt."

Wie oft, folgt nach der Antwort gegenüber den Freunden die Klage vor Gott. Aber diese Klage ist mehr, sie ist ein Aufschrei aus tiefstem Seelengrund.

„Schreie ich ‚Gewalttat' so erhört mich niemand. Rufe ich um Hilfe, so bekomme ich kein Recht! Alle meine Wege in die Zukunft hat er versperrt, ich kann nicht weiter, denn vor mir ist nur Dunkelheit!"

Für einen Orientalen ganz wichtig ist der folgende Satz:

„Er hat mir meine Ehre geraubt, mein früheres Ansehen in dieser Gegend ist zunichte. Wie einen Baum hat er mich ausgerissen! In seinem Zorn hat er mich zu seinem Gegner gezählt! Alles was er an Hilfsscharen zur Verfügung hat, hat er gegen mich losgeschickt und die belagern mich Tag und Nacht!"

In einer Gegend, bei der die Großfamilie noch etwas zählt, ist der Verlust der Familienzugehörigkeit und die Ausgrenzung aus dem sozialen Umfeld ein besonders herber Schlag.

So halten sich seine Brüder von ihm fern, alle Vertrauten machen einen Bogen um ihn.

Kein Verwandter lässt sich mehr blicken und alle früheren Bekannten gehen auf Distanz.

Wenn seine Frau noch Gäste hat, so ignorieren sie ihn und auch die eigenen Mägde übersehen ihn. Auch der eigene Knecht kommt nur widerwillig und auch nur wenn er ihn regelrecht anfleht.

„Mein fauliger Atem ist zuwider meiner Frau und auch meine Geschwister rümpfen ihre Nasen in meiner Gegenwart. Ja selbst die Kinder des Ortes überschütten mich mit Spott und lachen mich aus wenn ich mich wehre."

Kein einziger seines früheren Freundeskreises hält noch zu ihm und bei allen, die er früher geschätzt hat, spürt er nur Abneigung.

So schaut er an sich herunter:

„Meine Knochen sind deutlich unter meiner Haut zu sehen und meine Zähne werden locker."

Nach so vielen Klagen bricht wieder ein Hilferuf an die Freunde aus tiefster Seele hervor:

„Erbarmt euch meiner, ihr meine Freunde, denn Gottes Hand hat mich getroffen. Warum verfolgt ihr mich wie Gott und hört nicht auf mich zu quälen!"

Hiob wechselt wieder das Thema und bringt dann einen weiteren Wunsch hervor, der ihm zur Rechtfertigung dienen soll.

Er möchte, dass für spätere Generationen all seine Worte aufgeschrieben, in Blei eingeritzt werden und regelrecht in Stein und Fels eingraviert werden. Man soll sehen, was ein Mensch zu Unrecht gelitten hat.

Ganz schön anspruchsvoll, möchte man da entgegnen!

Die folgenden Worte sind etwas schwer interpretierbar, es ist möglich, dass sie dem gepeinigten Gehirn Hiobs entspringen, das so viel Widersprüchliches „produziert".

Auch die verschiedenen Bibel-Experten und Übersetzungen, die ich bei dieser komplizierten Deutung heranzog, sind nicht immer einheitlich. So bleibt mir nichts anderes übrig, als mein Verständnis dieser Zeilen einzubringen.

Gott, angeblich sein unversöhnlicher Feind, wird auf einmal sein Verteidiger.

„Ich selber weiß, mein Verteidiger lebt, und wenn Sonne, Mond und Erde vergehen, wird er noch da sein. Wenn ich meine geplagte Haut verlassen und mein Körper nicht mehr vorhanden ist, werde ich ihn schauen, mit meinen Augen werde ich ihn, nicht als Fremder, selber sehen. Mein Herz sehnt sich danach!"

Diesen hehren Worten folgt sogleich wieder eine kurze Philippika gegen die Freunde:

„Solltet ihr mich jetzt mit euren Anschuldigungen weiter verfolgen und denken, alle Schuld läge bei mir, so muß ich euch eines sagen: Fürchtet euch, denn alle Anschuldigungen und euer Zorn werden gegen euch selbst verwendet werden. Es gibt ein Gericht, das dafür sorgen wird."

Die Reaktion Zophars

Auch in Zophar steigt langsam der Zorn hoch.

Sie sind zur Hilfe gekommen und stehen jetzt plötzlich unter Anklage.

So wirft er Hiob erregt vor, ihm unbegreifliche Nichtigkeiten an den Kopf zu werfen.

„Seit Anbeginn des Menschengeschlechtes hier auf Erden haben Frevler und Ruchlose nie lange Freude an ihren Untaten gehabt ."

Zophar steigert sich noch, und zwar drastisch:

„Wenn sein Hochmut gar bis zum Himmel steigt und sein Haupt die Wolken berührt, so wird er doch vergehen wie sein eigener Kot, so dass diejenigen, die ihn kannten, fragen werden ‚Wo ist er?' Wie ein Traumerlebnis vergeht, so geht es ihm. Man findet ihn nicht mehr. Wer ihn lebendig sah, wird ihn nie wieder sehen, und in dem Ort, an dem er gelebt hat, wird sich niemand seiner erinnern."

Die folgenden Sätze beziehen sich jetzt nur indirekt auf Hiob, sie sollen das Schicksal von Sündern generell sinnbildlich ausmalen. Es ist aber unschwer einen Zusammenhang zu erkennen, auch wenn Hiob als solcher als Adressat nicht direkt erwähnt wird.

Kinder von Frevlern leben in Armut und müssen betteln gehen, all seinen angehäuften Gewinn muß er zurückgeben. Mag sein Körper vor jugendlicher Kraft strotzen, es wird doch alles zu Staub. Was ihm im Mund süß schmecken mag und bekömmlich, in seinem Magen wird es zu Natterngift. All das was er an Vermögen zusammengerafft hat, muß er wieder hergeben. Gott nimmt dem Frevler alles was ihm gehört.

Zophar wird noch deutlicher.

„Gegenden mit Milch und Honig sind ihm verwehrt. Der Lohn seiner Arbeit ist ihm genommen und alles, was er je gekauft hat, wird er verlieren. Denn er hat die Armen unterdrückt und sie im Stich gelassen. Häuser, die er selbst nie gebaut hat, hat er anderen weggenommen. Unersättlich zeigt sich der Frevler, doch all seine Schätze werden ihm wieder entwunden. Niemand konnte seiner Gier entkommen, aber sein ganzes Vermögen löst sich wieder auf. Obwohl er angehäuft hat so viel er nur konnte, gerät er in Not und das Unheil trifft ihn mit voller Wucht."

Der geneigte Leser mag an vielen Stellen wohl neugierig sein, wie sich die Physiognomie und die Haltung Hiobs bei solchen Verdächtigungen verändert. Schlägt er die Augen nieder, verzerrt sich sein Gesicht vor Zorn, ballt er die Fäuste. Der Autor lässt uns bei seinen Ausführungen im Unklaren.

Man kann nur mutmaßen.

Zophar jedoch ist mit seinen Worten noch nicht zuende, gleichwohl sind seine folgenden Anklagen etwas schwer zu verstehen.

„Prasser und Schlemmer auf anderer; armer Leute Kosten trifft Gott mit voller Härte, auf dass ihnen das Ganze tagelang unverdaut im Darm rumore. Wollte er entfliehen, so trifft ihn der Pfeil, aus ehernem Bogen auf ihn abgeschossen. Der Pfeil hat ihn gänzlich durchbohrt, herausziehen hilft nicht. Die Galle ist getroffen, Todesängste überfallen ihn."

Noch drastischer geht es weiter:

„Das Unheil wartet nachgerade auf ihn.

Geheimnisvolles Feuer versengt ihn und alle, die ihm Gesellschaft leisten. Himmel und Erde sind gegen ihn. Die Flut schwemmt sein Haus hinweg, die Wasserströme ergießen sich über alles was sein ist. So ergeht es dem Frevler durch Gottes Hand, so wird sein Gerede betraft."

Hiob bezweifelt die Aussagen der Freunde

„Es wäre ein wahrer Trost für mich, wenn ihr mich einmal richtig anhören würdet. Wenn ich euch alles noch einmal dargelegt habe, dann könnt ihr über mich spotten. Es liegt mir fern, mich über andere Menschen zu beklagen. Aber langsam überfällt mich Ungeduld. So lasst mich jetzt einmal ausreden. Ihr würdet vor Entsetzen erstarren, wäret ihr in meiner Lage, eure ganzen Ratschläge lösten sich in Luft auf."

Etwas Neues fällt Hiob plötzlich ein, in seiner Dramatik so heikel, dass er selbst darüber erschrickt. Es ist die angebliche Ungerechtigkeit Gottes oder des Schicksals, die ihn reden lässt.

Fragen, die sicher auch in unserer Zeit so manchen Menschen beschäftigt, der in Not geraten ist.

Die uralte Frage: ‚Warum ausgerechnet ich?'

‚Warum tut Gott mir das an?' ‚Was habe ich verbrochen?'

Mit den folgenden Sätzen konterkariert er besonders die letzten Sätze Zophars.

„Warum bleiben Frevler am Leben, werden alt und häufen Reichtum an? Stolz schauen sie auf ihre Kinderschar und erfreuen sich ihrer Nachkommen. Ihr Haus zeugt von ungefährdetem Wohlstand und Gott lässt sie in Frieden. Ihr Vieh vermehrt sich, es gibt keine Fehlgeburten. Ihre Kinder springen fröhlich und ausgelassen wie kleine Schäfchen herum, sie singen und tanzen. Sie selbst führen ein glückliches Leben und wenn der Tod naht, sehen sie ihm gelassen entgegnen. Dabei haben sie sich gegen Gott aufgelehnt: ‚Weiche von uns! Deine Wege interessieren uns nicht! Was ist denn schon der Allmächtige! Müssen wir ihm dienen und wozu?'"

Hiob in seinem Leid wäre nicht Hiob, wenn er nicht schon wieder einen Gedankensprung tätigen würde.

Denn jetzt auf einmal meint er, der Frevler könnte die Rechnung nicht ohne Gott machen. Ihre Lampe erlischt, wenn Gott in seinem Zorn Verderben über sie ausschüttet. Und ganz poetisch:

„Sie sind wie Stroh, in das der Wind hinein bläst, wie Spreu, das der Sturm durcheinander wirbelt."

Aus eigener Erfahrung fragt sich Hiob, ob Gott die Sünden des Frevlers den Kindern aufbürden soll. Es wäre doch nur recht, wenn der Sünder selbst die Folgen seines Tuns als Unglück verspüre. Denn wenn er gestorben ist, ist es ihm nicht mehr möglich, das Leid bei seiner Familie zu sehen.

„Kann man Gott lehren, wie er sich zu verhalten habe. Er, der auch die Mächtigen richtet. Im Tod sind alle gleich, der eine, der zeitlebens vom Glück begünstigt wurde und ein sorgloses Leben führte. Einem anderen hingegen war es nicht beschieden, er stirbt in bitterer Armut. Nun liegen beide unter der Erde. Im Tod also gibt es keine Gerechtigkeit für ein unterschiedliches Leben."

Hiob hat sich wieder seinen Frust über die Ungerechtigkeit der Welt von der Seele geredet, nunmehr geht es erneut gegen die Freunde.

„Eure Gedanken kenne ich zur Genüge, eure Ränke, die ihr wider mich schmiedet, habe ich durchschaut. Ihr fragt nämlich: Was verblieb vom Haus des Vornehmen und was blieb vom Zelt des Gottlosen übrig? Es wäre ratsam gewesen, ihr hättet euch bei Vielgereisten erkundigt und auf ihre Erzählungen geachtet. Dem Bösen geschieht nichts. Niemand hält ihm seinen frevelhaften Lebenswandel vor oder vergilt ihm gar, was er an Schandtaten verübt hat. Selbst im Tod erweist man ihm Ehre und sein Grab wird bewacht. Ihr könnt mich also mit euren Argumenten überhaupt nicht trösten. Eure Reden sind nicht als Trug!"

Eliphas meldet sich wieder zu Wort

„Ein Mensch kann Gott nicht von Nutzen sein. Ein rechtschaffener weiser Mensch vermag nur sich selbst zu nützen. Denkst du denn, der Allmächtige schätzt deine Gerechtigkeit oder es ist für ihn von Gewinn, wenn du ein Leben ohne Tadel führst. Straft er dich etwa wegen deiner Frömmigkeit und hält Gericht über dich?"

Eliphas wird immer direkter und unterstellt Hiob mangelnde Nächstenliebe und soziale Kälte.

Boshaft sei Hiob zeit seines Lebens gewesen und voller Sünden. Er soll das Eigentum seiner Mitmenschen gepfändet haben, selbst vor ihren Kleidern habe er nicht Halt gemacht. Durstigen verweigerte er das Wasser und Hungernde erhielten kein Brot. Hiob pochte auf das Recht des Stärkeren und nur seinen Günstlingen gab er Land zum Wohnen. Witwen fanden vor seinen Augen keine Gnade und Waisenkindern schlug er auf die bettelnden Arme. So nach und nach baute er um sich als Folge seines Tuns tiefe Gräben auf, in die er voller Schrecken hinein zu fallen drohte. Immer mehr Dunkelheit trübte seinen Blick und eine riesige Wasserwoge türmte sich auf, die ihn hinwegspülen sollte.

Um Hiob einsichtig zu stimmen, beschreibt Eliphas wiederum die Größe Gottes.

„Ist Gott nicht himmelhoch? Wirf einen Blick zu den Sternen, dann ahnst du seine Größe. Du meinst in deiner Verblendung: Was weiß Gott denn schon? Vermag er durch die dichte Wolkendecke zu schauen? Er wandelt doch nur oben am Himmelsgewölbe herum!"

Hiob soll sich das frevelnde Handeln der Altvorderen nicht zum Beispiel nehmen, deren Hab und Gut von den Wasserfluten hinweggeschwemmt wurde, als sie übermütig Gott entgegenhiel

ten: ‚Laß uns in Frieden, denn was kannst du uns schon antun!'
Dabei war es der Allmächtige, der ihnen zu Wohlstand verhalf.

„Ich, Eliphas, möchte mich nicht mit dieser Denkart identifizieren!"

Gerechte und Schuldlose spotteten lachend und schadenfroh darüber: Unsere Gegner wurden vernichtet und ihr Besitz wurde ein Raub der Flammen.

Jetzt hält es Eliphas für an der Zeit, erneut den belehrenden Zeigefinger zu erheben: „Nimm Gott wieder als Freund, etwas Besseres kann dir nicht widerfahren. Höre, was er dir empfiehlt und nimm dir seine Worte zu Herzen. Bekehre dich und du wirst geheilt werden. Halte dich vom Unrecht fern und wirf deine Schätze, die du angehäuft hast, fort. Allein Gott sei fürderhin dein einziger Schatz, du wirst es am eigenen Leib spüren, ja, du kannst wieder dein Angesicht zu Gott erheben. Flehe ihn an, du wirst erhört werden und über all deinen Lebenswegen wird wieder das Glück leuchten. Demut ist stets besser als falscher Stolz! Gott rettet auch den, der Schuld auf sich geladen hat. Alles liegt nur in deiner Hand."

Hiob widerspricht

„Vor lauter Schmerzen möchte ich laut seufzen, aber seine Hand lastet zu schwer auf mir. Wüßte ich nur, wo ich ihn finden könnte, wo er wohnt. Ich möchte mein Recht vor ihm ausbreiten und meine Beweise vorlegen. Dann möchte ich wissen, was er mir zu entgegen hat. Aber, so frage ich mich, würde er mich als kleinen Menschen überhaupt wahrnehmen. Ich bin gewiß, er nähme sich meiner an. Und ich bin überzeugt, als redlicher Mensch wäre ich in Zukunft frei."

Gleich danach folgen die Worte der Resignation.

„Doch gehe ich nach Osten, so ist er nicht da, nach Westen, auch dort finde ich ihn nicht. Im Norden sehe ich keinesfalls etwas von seinem Wirken, im Süden erblicke ich ihn ebenfalls nicht. Doch als Allwissender kennt er meinen Lebenswandel genau und er müsste mich frei sprechen von allen Anschuldigungen. Nie bin ich von seinem Weg abgewichen, ich hielt stets seine Gebote ein. Ja, ich trug seine Worte stets in meinem Herzen. Niemand aber vermag ihn umzustimmen, er macht was er will."

Hiob glaubt, daß er wohl sein Schicksal bis zur bitteren Neige auskosten muß und wer weiß, was Gott ihm noch alles auferlegt.

„Daher muß ich erschrecken vor ihm, denke ich an ihn, so läuft ein Schauer über meinen Körper. Gott ist es, der mein Herz verzagen lässt, ja, der Allmächtige erschreckt mich zutiefst. Finster nis umgibt mich wie ein Schleier, Dunkelheit liegt vor meinen Augen."

Die folgenden Sätze sind Fragen nach dem Gerechtigkeitsempfinden Gottes und vor allem, warum er als Herrscher über alles solche Dinge überhaupt zuläßt.

„So manch einer entreißt dem anderen das Land und raubt die Herden. Er treibt den Esel der Waisen fort und pfändet das einzige Rind einer Witwe. Die Armen werden vom Weg abgedrängt und die Schwachen müssen sich vor Angst verstecken. Sie alle müssen leben wie die Wildesel, die draußen in der Wüste und in der Steppe tagein tagaus ihr karges Leben fristen müssen. Was auf Feldern und Weinbergen als Reste übrig bleibt, das ist ihre Nahrung. Es fehlt ihnen an warmer Kleidung, so dass sie des nachts frieren. Regnet es einmal, so werden sie völlig durchnässt und versuchen an Felsen Schutz zu finden."

Hiob versucht die nach seiner Ansicht himmelschreiende Ausbeutung der Armen anzuprangern.

„Den jungen Müttern reißt man die Kinder von der Brust weg,

Säuglinge armer Leute nimmt man als Pfand. Nackt und hungrig arbeiten sie auf den Feldern, pressen das Öl und treten durstig die Trauben. Sterbende stöhnen in den Städten und Erschlagene schreien in ihrer Not. Gott aber hört auf kein Gebet. Die Frevler sind Feinde des Lichts und wandeln nicht auf den Pfaden Gottes. Beim Morgengrauen erhebt sich der Mörder und tötet die Armen und Bedürftigen. In der Nacht zieht er als Dieb umher. Ähnlich verhält sich der Ehebrecher, der im Schutz der Dunkelheit sein Unwesen treibt. Nur in der Finsternis sind sie unterwegs, tagsüber verstecken sie sich lichtscheu. Denn die Morgenfrühe ist ihrem Tun abhold. In der Dunkelheit kennen sie sich aus."

Es folgt eine Zeile, für die ich nirgendwo eine schlüssige Übersetzung, geschweige denn eine plausible Erklärung fand. Vie leicht besitzt das Denken aus jener Zeit eine andere, für uns in heutiger Zeit nicht nachvollziehende Symbolik.

Sofort geht die Beschreibung der Sünder weiter.

„Dem Frevler geht es wie dem Schmelzwasser nach dem Winter, das Hitze und Dürre verdunsten lassen: Das Reich der Toten rafft ihn hinweg. Falls die Aasgeier ihn übersehen, so fressen ihn die Würmer. Niemand denkt an ihn hinfort. Frevel wird bestraft, wie von einem stürzenden Baum zerschmettert. Denn kein Verständnis zeigte er für Frauen, die keine Kinder gebären konnten, den Kinderlosen und auch den Witwen half er nicht. Doch wenn Gott auch die Mächtigen bestraft, so kann sich der Frevler, wenn Gott seiner ansichtig wird, seines Lebens nicht mehr sicher fühlen. Erst einmal zeigt Gott Großmut, aber er schaut auf dessen Wege. Doch dann ist ihm ein Ende beschieden. Sie sinken dahin, wie von einer Faust gepackt, gleichwie Ähren auf dem Felde abgeschnitten werden."

Nunmehr sucht Hiob noch eine Bestätigung seiner Ansichten.

„Ist es nicht so, wie ich es sage! Kann mir einer von euch das

Gegenteil beweisen?"

Bildad versucht zu antworten

Die Gegensätze scheinen immer mehr zu eskalieren. Denn Bildad versucht jetzt Gottes Werk zu verteidigen.

„Gott entscheidet über Herrschen und Schrecken. Denn er schafft Ordnung in seinen Höhen. Unendlich groß sind seine Scharen. Über allem schwebt sein Licht. Wie kann da ein Mensch es wagen, zu behaupten, er sei im Recht gegenüber Gott. Ist doch jeder vom Weib geborene als unrein anzusehen. Schau dir den Mond an, er strahlt nicht hell. Auch die Sterne haben ihre Makel vor seinen Augen."

Jetzt greift Bildad zu ganz extremen Vergleichen:

„Wenn Mond und Sterne nicht rein sind vor ihm, wie denn erst der Mensch, diese Made. Das Menschenkind, dieser Wurm!"

Hiobs Enttäuschung über Bildad

Kein Wunder, dass Hiob entsprechend auf diese provozierenden Worte reagiert und sich in Sarkasmus flüchtet.

„Es ist traurig, wie du einem Schwachen beistehst und seinen ohnehin kraftlosen Arm noch weiter belastest. Du glaubst wohl, einem Unweisen Rat erteilen zu müssen und gibst mit deinem Wissen an. Wer gibt dir eigentlich deinen Redefluß ein und wessen Ideen tönen aus deinen Worten?"

Wieder einmal springt Hiob von seiner Verteidigung den Freunden gegenüber auf die Lobpreisung der Größe Gottes. Aber in Widerspruch zu früheren Worten spricht er jetzt von Totengeistern, als ob danach doch noch etwas vorhanden sein kann oder ist. Eventuell fließt hier die altgriechische Vorstellung von den bleichen Schatten im Hades mit hinein.

„Die Geister der Toten erbeben unter den Wassern und all dem, was darin lebt. Die Unterwelt ist wie ein offenes Buch für ihn. Er erzeugt die Himmelsrichtungen, ja er hängt die Erde auf im Nichts!"

Wem fiele bei diesem Vergleich nicht das Bild der Apollo-Astronauten ein, die die Erde vom Mond aus fotografierten, wie sie in der Schwärze das Alls am Mondhimmel hängt?

„Das Wasser des Regens hält er in den Wolken, ohne dass die Wolken zerplatzen. Er vermag den Vollmond durch einen Schleier zu verbergen. Ringsherum um das Wasser hat er den Horizont aufgespannt, bis dahin, wo sich Licht und Finsternis begegnen. Wenn er droht, dann zittern die Säulen des Himmels. Er vermag das Meer tosend aufzutürmen und er zerschmettert Rahab."

Das Wort Rahab ist in seiner Bedeutung etwas unklar. Auf der einen Seite stellt sie eine Hure in Jericho dar, die zwei Kundschafter Josuas verbarg. Zum anderen kann es auch Ägypten bedeuten oder ein mythisches Ungeheuer darstellen.

Etwas sanfter geht es weiter:

„Ein Hauch nur von ihm und der Himmel wird heiter. Die Schlange, die den Menschen aus der Einheit, dem Paradies lockte, ist in seiner Gewalt. So umfangreich und weltumspannend ist sein Tun, wir spüren es kaum. Wenn aber sein Donnern die Welt erschüttert, wer sollte es begreifen?"

Hiob macht erschöpft eine Pause und fährt dann mit seiner Rechtfertigung fort

„So wahr Gott lebt, der mir mein Recht verweigert, der Allmächtige, der meine Seele zutiefst kränkte. Wahrlich, so lange ich noch atmen kann und Gottes Odem in mir ist, so will ich niemals Unrecht reden und meine Zunge wird nichts Verkehrtes sprechen. Euch kann ich einfach kein Recht geben, bis zum Tod will ich meine Unschuld beteuern. Ich bin ein Gerechter, vor meinem Gewissen vermag ich keinen meiner Tage als tadelig bezeichnen. Meine Feinde sind Frevler, meine Gegner sind Schuldige."

Erneut malt er sich aus, was den Ruchlosen am Ende seines Lebens erwartet.

„Hat dieser Hoffnung, wenn er stirbt und Gott seine Seele hinwegreißt? Wird Gott sein Schreien hören, wenn er in Not und Bedrängnis ist? Kann er den Allmächtigen anrufen, wenn er seiner bedarf?"

Jetzt werden wiederum die Freunde die Adressaten seiner Worte:

„Ich will euch lehren, wie Gott seine strafende Hand ausstreckt, ich werde euch nicht vorenthalten, was der Allmächtige plant. Ihr haltet euch für klug! Warum also beharrt ihr in eurem nichtigen Wahn?"

Und wieder schwenkt Hiob um, ganz anders als in seinen früheren Worten.

„Das erwartet den Frevler von Gott, das erbt der Gewalttätige vom Allmächtigen: Seine Söhne werden durch das Schwert umkommen und seine Kinder werden Hunger leiden. Bleibt dann noch einer übrig, so rafft die Pest ihn hinweg und keine Witwe wird seinen Tod beweinen. Häuft er auch noch so viel Silber an und noch so viel Kleider, er wird es an Gerechte und Fromme verlieren. Sein Haus ist leicht und verletzlich wie ein Spinnennetz."

Jetzt wird es regelrecht dramatisch.

„ Er legt sich als Reicher in seinem Haus zur Ruhe – doch

beim Aufwachen ist alles verschwunden. Der Schrecken kommt über ihn wie eine Wasserflut, der Sturm weht es davon. Der Ostwind hebt es regelrecht hoch und fegt es von seinem Platz hinfort. Über ihm bricht alles zusammen und vor der Macht des Sturms muß er fliehen. Da wo er gewohnt hat, spottet man seiner."

Die verborgene Weisheit – der Philosoph Hiob

Trotz seiner misslichen Lage beginnt Hiob mit Sätzen der Nachdenklichkeit, in dem er erst einmal auf die Schätze der Erde hinweist.

„In der Erde findet man Silber und Gold. Es gibt Fundgruben für Eisen und das Kupfer wird aus Gestein herausgeschmolzen. Der Mensch dringt in das Dunkel der Erde ein und erforscht es. In tiefe Stollen lässt man Menschen an Seilen herab. Man durchwühlt die Erde wie mit Feuer und oben wächst weiterhin das Korn für das Brot. Dort unten findet man den seltenen Saphir und den Goldstaub. Keinen Raubvogel, keinen Falken sieht man dort unten. Auch der Löwe, auf der Jagd nach Wild, betritt diese Gegend nicht. Unter den Bergen gräbt man die Erde um, legt Schächte an und findet Schätze aller Art. Ab und zu muß man eindringendes Wasser eindämmen."

Jetzt erfolgt die fragende Schlussfolgerung aus diesen Sätzen:

„Die Weisheit aber – wo findet man sie? Und in welcher Schicht ist die Einsicht verborgen? Kein Mensch kennt ihre Fundstätte. Auf jeden Fall liegt sie nicht unter den Lebenden. Das Urmeer sagt: ‚Bei mir ist sie nicht', und der Ozean ruft: ‚Sie verweilt nicht in mir'. Weder für Gold noch für Silber kann man sie kaufen. Man kann sie nicht vergleichen mit sämtlichen kostbaren Edelsteinen, gegen nichts kann man sie eintauschen, weder gegen Perlen, Korallen, Kristall und Topase."

Wenn also Weisheit und Einsicht keine irdisch auffindbaren Schätze sind, wo kann man sie entdecken?

„Wo mag sie also zu finden sein. Sie ist verborgen vor den Augen der Menschen und denen am Himmel. Auch die Unterwelt und der Tod haben nur als Gerücht von ihr gehört."

Hiob gibt sich nun selbst die Antwort.

„Gott allein ist es, der den Weg zu ihr kennt. Denn er überschaut die Erde bis zu ihren Grenzen, alles was unter dem ganzen Himmel liegt, sieht er. Als er dem Wind seine Stärke verlieh und das Wasser abmaß, als er dem Regen seine Aufgabe zuwies und Blitz und Donner an den Himmel band, da erkannte er sie, gab ihr eine Bedeutung und erforschte sie."

Daraus folgt nunmehr seine Schlussfolgerung:

„Zum Menschen aber sprach er: Siehe, Furcht vor dem Herrn, das ist Weisheit, das Meiden des Bösen ist Einsicht."

Hiobs Redeschwung

Es scheint, als habe sich Hiob richtig in Rage geredet und möchte mit den Freunden, die er nunmehr fast als Feinde empfindet, abrechnen.

Hiob wird sentimental.

„Wäre es doch nur wie früher, als Gott mich behütete und ich in seinem Licht selbst im Dunkeln wandeln konnte. Als Gott noch mein Haus und Hof beschirmte und meine Kinder um mich waren. Stets hatte ich bei allem ein glückliches Händchen, und betrat ich die Stadt, so stellt man mir einen Stuhl auf."

In den nächsten Worten schimmert eine gehörige Portion Eitelkeit und Stolz hindurch.

„Wenn mich die Knaben erblickten, so verbargen sie sich scheu. Die Alten standen auf und blieben stehen. Die Oberen der

Stadt unterbrachen ihre Reden und hielten sich sogar die Hand vor den Mund. Die Adligen verstummten, ihre Zunge klebte fast am Gaumen. Sprach ich zu ihnen, so zollten sie mir Beifall. Wer mich sah, der lobte mich. Allen in Not und allen Verwaisten versuchte ich zu helfen, die Verzweifelnden segneten mich und ich erfreute das Herz der Witwen. Wie ein Kleid umgab mich die Gerechtigkeit und das Recht schmückte meinen Kopf wie ein Hut. Für die Blinden war ich wie ein Auge, und die Lahmen unterstützte ich beim Gehen. Für die Armen galt ich wie ein Vater. Selbst Leuten, die ich nicht kannte, half ich im Rechtsstreit. Aber dem Räuber hieb ich ins Gesicht und entriß ihm seine Beute."

Bei soviel sozialem Engagement glaubt Hiob an einen Lohn auf Erden.

„So kann ich in meinem Hause alt werden und wie ein Phönix meine Tage vermehren. Wie ein Baum reichte meine Wurzel ins lebendige Naß und der Morgentau benetzte meine Zweige."

Das Eigenlob lässt Hiob nicht los.

„Meine Ehre erneuert sich immer wieder, die Kraft meiner Arme verließ mich nie. Die Menschen meiner Stadt horchten und warteten auf mich, sie lauschten schweigend meinem Rat. Keiner entgegnete ein Wort. Sie warteten auf mich wie auf den lang ersehnten Regen und staunten über meine Worte. Denen, die ihr Vertrauen verloren hatten, lächelte ich zu und sie strahlten mich an. Ich gab ihnen Rat und saß bei ihnen wie ein Oberhaupt. Fast fühlte ich mich wie ein König beim Heer, wo es galt die Leidenden nach der Schlacht zu trösten."

Aber die Situation hat sich völlig verändert

Nach dieser Selbstbeweihräucherung verfällt Hiob erneut ins Klagen. Verächtlich lässt er sich über seine Spötter aus.

„Jetzt lachen sogar jene über mich, die jünger sind als ich. Deren Väter waren ein Nichts in meinen Augen. Nicht einmal zum Hüten meiner Hunde bei den Schafen hätte ich sie eingesetzt. Was konnten sie mir schon mit ihrer Hände Kraft nützen? Denn Mangel und Hungersnot hatten sie geschwächt. Alles Leute, die das ohnehin dürre Gras der Steppe abnagen, die karge Sträucher abrupfen und sich von Ginsterwurzeln ernähren. Sie wurden aus der Gemeinschaft verjagt, man beschimpfte sie als Diebe und Schmarotzer. In den Schluchten wohnen sie nun in Erd- und Felsenhöhlen. Sie schreien wie Tiere. Ein dummes namenloses Gesindel, das man aus dem Land verstoßen hat."

Seit jeher, besonders in der altägyptischen Kultur, spielte der Name eine grosse Rolle. Wurde der Name eines Menschen gelöscht, so fiel er ins Nichts, so als ob er nie existiert hätte.

Man kann sich vorstellen wie Hiob erst einmal kräftig durchatmet, bevor er fortfährt.

„Jetzt verfassen sie Spottlieder über mich, sie verhöhnen mich in ihren Reden."

Aber es ist noch weitaus schlimmer, wie diejenigen, die er verachtet, mit ihm umgehen.

„Dieses Gesindel verabscheut mich, sie gehen mir weit aus dem Weg, ja, so manch einer erdreistet sich sogar, mir ins Antlitz zu spucken. Gott hat mich gebeugt und dieses zügellose Volk nützt es aus."

Hiob ist deswegen so ergrimmt, da er mit diesen Verstoßenen früher nie in Kontakt trat. Das hielt er für unter seiner Würde. Aber nun nutzen diese seine Schwäche gnadenlos aus.

„Diese Brut stellte sich zu meiner Rechten auf, stießen mich von den Füßen und planten ständig Unheil gegen mich. Mein Lebensweg ist zerstört, sie halfen noch bei meinem Sturz und niemand kam mir zu Hilfe. In breiter Front kamen jene heran, ohne

Ordnung, alles vernichtend. Ein Schrecken nach dem anderen stürzte auf mich herab. Mein dereinst fürstlicher Rang ist wie von einem Sturm hinweggeblasen. Das Glück, das mich früher begleitete, löste sich wie Frühnebel auf."

Nicht nur das körperliche Leid macht Hiob zu schaffen, der Sturz ins soziale Abseits mit allen Folgen trifft ihn ebenso, wenn nicht noch stärker.

„Dieses ganze Elend lässt meine Seele regelrecht zerfließen. Nachts komme ich nicht zur Ruhe, da die Schmerzen in meinen Knochen nagen."

Nun versucht Hiob wiederum, sein Geschehen mit Gottes Tun zu verknüpfen.

„Seine Faust packte mich mit aller Gewalt, er umschlang mich wie mit einem Gürtel. Er warf mich in den Schmutz, Asche und Staub bedecken mich. Ich rufe um Hilfe, doch er erhört mich nicht.

Und jetzt direkt klagend an Gott gewandt:

„Ich stehe klagend vor dir, doch du beachtest mich überhaupt nicht. Du bist rücksichtslos gegen mich, deine Stärke lässt du mich spüren. Ich bin so leicht für dich, dass mich der Sturm hinwegbläst. Du sinnst auf meinen Tod, da wo alle Menschen irgendwann landen. Aber wer unter Trümmern begraben wird: Ist es nicht sein Recht, um Hilfe zu schreien?"

Immer wieder weist Hiob auf seine soziale Ader hin, die doch eigentlich vor Gott Gehör finden sollte.

„Weinte ich nicht um den, der eine harte Zeit durchmachte? Ich litt mit den Armen. Ich erhoffte Gutes, aber das Gegenteil traf mich. Ich erwartete Licht, aber nichts als Finsternis kam über mich."

In einer Bibelübersetzung heißt es nunmehr sehr blumig und treffend:

„Mein Innerstes siedet, ich komme nicht mehr zur Ruhe. Das Elend hat mich in voller Stärke erfasst. Mit finster umwölkter Miene gehe ich umher, in meiner Gemeinde erflehe ich Hilfe. Doch ich wurde zum Bruder der Schakale, den Straußenhennen gelte ich als Freund. Meine Haut ist geschwärzt, in mir glüht alles wie von Fieber. Spiele ich auf, so klingt das Saitenspiel wie Trauer, meine Flöte hört sich an wie das Wimmern von weinenden Menschen."

Hiobs Verteidigungsrede

Augenscheinlich glaubt Hiob noch immer nicht genug zu seiner Entlastung gesagt zu haben. Und so holt er jetzt noch einmal zur großen Verteidigung aus.

„Ich hatte mir geschworen, nie lüstern einer jungen Frau nachzusehen. Sonst würde Gott mir das sicher als Übel anrechnen. Denn der Frevler wird mit Verderben und Verstoßung bestraft. Der Herr sieht doch all meine Wege und zählt jeden Schritt. Hätte ich gelogen und betrogen, so möge er mich auf seiner Waage wiegen und würde meine Unschuld erkennen."

Erneut geschieht hier eine Parallele zur altägyptischen Vorstellung des Abwiegens des eigenen Tuns hinsichtlich Frömmigkeit und Sündhaftigkeit im Leben durch die federgekrönte Göttin Ma'at.

„Sollte ich vom Pfade der Tugend abgewichen sein, mein Herz meinen Augen gefolgt sein, klebt an meinen Händen ein Makel, so möge ein anderer das genießen, das ich mit meiner Hände Arbeit erworben habe und meine Kinder mögen entwurzelt in dieser Welt weiter leben."

Das Thema Ehebruch spielte im Alten Testament eine große Rolle, so werden die nächsten Sätze verständlich.

„Habe ich mich von einer anderen Frau betören lassen und habe ich mich mit des Nachbarn Weib eingelassen, so soll meine Frau sich einem anderen Mann hingeben. Denn das wäre eine große Schandtat und müsste gesühnt werden."

Jetzt folgen einige Aspekte der Humanitas.

„Habe ich nicht meinen Knechten und Mägden Recht gegeben, wenn sie Klagen hatten gegen mich? Denn was sollte ich tun, so Gott von mir Rechenschaft verlangte, wenn ich falsch entschieden hätte. Auch die Schwachen sind ebenso wie ich vom Herrn im Mutterschoß erschaffen worden. Habe ich jemals den Armen einen Wunsch abgeschlagen und die Witwen hungern lassen? Immer habe ich von meinem Essen den Waisen abgegeben."

All das habe er Gott zu verdanken.

„Seit meiner Kindheit führte er mich wie ein Vater. Habe ich dafür den Armen und Bedürftigen nicht Kleidung und Decken geschenkt? Waren diese Menschen nicht dankbar, wenn sie die Wolle meiner Schafe erwärmte? Habe ich je die Hand gegen Waisen erhoben, nur weil andere mich im Recht glaubten? Wenn ja, dann möge mir meine Schulter abfallen und mein Arm zerbrechen. Dann müsste ich wahrhaft Furcht vor Gottes Strafe haben und ich könnte vor ihm nicht bestehen."

Es mag etwas oder gar höchst banal oder trivial bei der Betrachtung eines Buches der Bibel klingen, wenn man bei den nächsten Sätzen an Disneys Figur Dagobert Duck denkt. Man möge mir verzeihen.

„Habe ich je allein auf mein Gold gepocht und nur Vertrauen auf meinen Reichtum gesetzt? Habe ich mich an meinem Reichtum berauscht und daran, wie viel ich immer hinzu gewann? Habe ich deswegen dankbar zur Sonne und zum Mond geschaut, wenn sie strahlten, und ihnen heimlich Handküsse zugeworfen?. In der Tat, das wäre ein Verschulden als ob ich Gott in der Höhe verleugnen würde."

Selbst Schadenfreude und Gehässigkeit lagen ihm fern.

„Habe ich mich am Unglück meines Feindes erfreut, oder wenn ihn ein Unheil betraf? Nie habe ich gesündigt, indem ich Verwünschungen und Flüche ausstieß? Habe ich Gäste in meinem Haus je unbeköstigt gelassen? Kein Fremder wurde des Hauses verwiesen und der Wanderer traf immer auf offene Türen. Habe ich, was ja menschlich wäre, meine Fehler verheimlicht, weil ich Angst vor den anderen hatte oder gar meine Sippe mich verachtet hätte. Nein, ich habe nie geschwiegen und habe mich nie versteckt."

Ein letztes Flehen Hiobs an Gott:

„O könnte mich doch endlich einer erhören. Nichts Innigeres wünschte ich mir, als dass der Allmächtige mir antwortete und mir seine Klagen aufschriebe. Wahrlich, ich würde diese Schrift hoch halten und sie mir wie einen Kranz umbinden. Jeden meiner Schritte würde ich ihm kundtun und mich ihm wie ein Fürst nähern."

Zum Ende seiner Reden wird Hiob noch einmal poetisch.

„Wenn mein eigener Acker gegen mich Klage erhöbe und insgesamt seine Furchen weinten, wenn ich seinen Ertrag verzehrt hätte ohne zu bezahlen ...."

Dieser Satz erscheint von der Deutung etwas schwierig.

Vielleicht mein Hiob, er habe niemandem den Acker geraubt, die Früchte ohne Bezahlung verzehrt und den Besitzer für seine Forderungen gerecht bezahlt.

„Sollte es nicht so sein, so möge anstelle des Weizens Dorngestrüpp wachsen und stinkendes Kraut anstelle von Gerste."

Das Kapitel schließt mit dem Satz:

„Zu Ende sind die Worte Hiobs."

Wie geht es weiter?

Der anfängliche Gedankenaustausch zwischen Hiob und seinen Freuden, der in ein regelrechtes Streitgespräch ausartetet ist, ist zu Ende.

Er scheint in eine Sackgasse geraten zu sein.

Hiob beteuert immer wieder seine Unschuld und wartet auf ein Wort Gottes, die drei Freunde hingegen halten ihm in allen Variationen immer wieder vor, Gott sei gerecht. Nur ein Frevler würde von ihm bestraft und Hiob solle in sich gehen und bereuen, denn sein Leiden, das er ständig beklagt, muß eine Ursache haben, die in seiner Person begründet ist.

Eine Patt-Situation, würde man modern formulieren.

Da plötzlich, wie aus dem Nichts, betritt eine neue Person den Ort der Handlung.

Elihu, der Sohn Barachels, des Busiters aus dem Geschlechte Ram.

Mehr wissen wir nicht über ihn.

Keine Information, wie er zu Hiob steht und wie er an die Information zu Hiobs Leid gekommen ist.

Er ist einfach da.

Er ist kein deus ex machina im klassischen Sinn des Euripides, denn er trägt nicht zur Lösung des Konfliktes bei.

Manche Interpreten vermuten, diese Person sei von späteren Schriftstellern hinzugefügt worden.

Wir wissen es nicht.

Also fügen wir uns der kanonischen Akzeptanz des Buches Hiob in seiner ganzen Länge.

Die Reden des Elihu

Die drei Freunde haben die Sinnlosigkeit ihrer Argumente eingesehen und lassen von Hiob ab.

Da betritt Elihu voll Zorn die Bühne. Sein Zorn richtet sich gegen Hiob, da er sich vor Gott als gerecht darstellte. Aber auch gegen die drei Freunde, deren Argumente ihm als fadenscheinig erschienen, mit denen sie Hiobs Schuld beweisen wollten.

Im nächsten Satz erfahren wir etwas Erstaunliches:

Elihu hatte bislang gezögert, in die Diskussion einzugreifen, da die drei Freunde älter waren als er.

Seltsam, er hat offenbar alles mitgehört, wurde aber bislang mit keinem Wort erwähnt.

Erst als nach seiner Ansicht die drei Freunde mit ihrem Latein am Ende waren, entbrannte sein Zorn.

„Jünger bin ich als ihr, die ihr hochbetagt seid, daher hielt ich mich zurück mit meinem Wissen. Ich dachte bei mir: Laß die Alten reden und ihre Weisheit kundtun."

Elihu geht gleich auf harten Konfrontationskurs zu den drei Freunden.

„Es ist der Geist im Menschen, das Geschenk Gottes, das ihn verständig macht. Aber alte Menschen sind nicht immer weise und Greise kennen sich nicht immer im Recht aus. Daher hört mein Wissen an, das Wissen eines Jüngeren. Lange habe ich euch zugehört, wie ihr auf Hiob eingeht. Aber nicht einer von euch vermochte Hiobs Worte zu widerlegen und ihn der Schuld überführen. Nun sagt nur nicht, ihr hättet die Weisheit entdeckt, indem ihr sagt: Gott wird ihn verstoßen, aber kein Mensch wird es tun."

Elihu macht an dieser Stelle wohl eine kleine Kunstpause.

„Noch habe ich mit Hiob nicht geredet und mit euren Worten will ich mich an ihn wenden. Ihr seid stumm geworden, seid bestürzt. Euch haben wohl die Worte verlassen. Aber ich will nicht länger warten, ich will euch an meinem Wissen teilhaben lassen. So viele Worte sind in meiner Brust, die ich von mir geben möchte."

Wieder folgt ein schöner poetischer Vergleich:

„Meine Brust ist wie ein Schlauch mit jungem Wein, öffnet man ihn nicht, so birst er! Laßt mich reden und Antwort geben, dann fühle ich mich erleichert. Ich will für niemanden Partei ergreifen und will auch niemandem schmeicheln. Schmeichelei liegt mir überhaupt nicht, das würde mir mein Schöpfer nie verzeihen."

Elihu wendet sich an Hiob

Bislang hat Elihu nur von sich und über sich geredet und zudem versucht, den drei Freuden eine Lektion zu erteilen.

Nun aber meint er, es sei an der Zeit, sich Hiob zuzuwenden. Er holt weit aus, daher kann man den Beginn kürzen.

„Du nun, Hiob, lausche meinen Worten. Ich versuche aufrichtig und lauteren Herzens zu sein. Gottes Geist hat mich erschaffen, sein Odem hauchte mir das Leben ein. Hast du Einwände, so scheue dich nicht, mich zu unterbrechen. Wir beide sind vor Gott gleich, auch ich bin nur aus Lehm erschaffen. Habe keine Furcht vor meinen Worten, ich will auch keinen Druck auf dich ausüben. Ich habe dir und deinen Ausführungen lange zugehört."

Elihu wiederholt nunmehr die Kernsätze von Hiob.

„Ich bin frei von Schuld und Sünde. Gott sucht Gründe für den Widerstand mir gegenüber. Er hindert mich an meiner Entfaltung und überwacht all meine Wege!"

Das kann Elihu als Aussage nicht akzeptieren. Daher weist er Hiob zurecht. „Darin bist du nicht im Recht, sage ich dir, denn

Gott ist größer als der Mensch! Warum hast du mit ihm gehadert, weil er deine Worte nicht erwiderte? Denn manchmal redet Gott auf seine Weise, manchmal ganz anders, so dass der Mensch es nicht versteht."

Nun schildert Elihu, wie er die Rede oder Mahnung Gottes an den Menschen sieht.

„Im tiefen Schlaf, im Traum, im Nachtgesicht, da lässt er sich hören und verwarnt oder verweist: Er will die Menschen bekehren und ihren Hochmut zügeln, um ihre Seele vor dem Verderben zu erretten und ihn vor den Waffen der Feinde zu schützen."

Elihu sieht ferner einen Zusammenhang zwischen Schmerzen und Krankheit und den Mahnungen Gottes.

„Der Allmächtige straft den Sünder durch Schmerzen und Krankheit. Oder durch Zittern sämtlicher Glieder. Die Menschen ekeln sich dann vor dem Essen. In seinem seelischen Tief ist ihm selbst seine Lieblingsspeise zuwider. Sie wirken ausgezehrt, ja selbst ihre Knochen zeichnen sich durch die Haut ab. Man hat das Gefühl, als ob er kurz vor dem Tode steht. Nur wenn er einen himmlischen Fürsprecher findet, einen von den vielen, der sich seiner erbarmt und ein Wort für ihn einlegt, dann blüht er wieder auf wie zu seiner Jugendzeit und wird vital wie früher. Er betet zu Gott und der ist ihm gut gesonnen und lässt ihn Gerechtigkeit spüren."

Aber bei allem weist Elihu auf eine Einschränkung hin.

„Er soll gestehen: Ich war ein Sünder und ich habe Unrecht getan. Aber Gott hat mir nicht Gleiches mit Gleichem vergolten. Vor dem Tode hat er mich bewahrt und ich kann wieder das Licht erschauen."

Elihu preist die Großzügigkeit des Herrn.

„Gott zeigt mehr als einmal Nachsicht mit den Menschen, um ihn von Todesgedanken zu bewahren und das Licht des Tages zu genießen."

In den nächsten Sätzen möchte man Elihu trotz seiner Jugend das Attribut naseweis zusprechen.

„Jetzt, Hiob, höre mich an. Halte dich zurück, es sei denn, du hast mir etwas Triftiges zu erwidern. Nur allzu gern gäbe ich dir recht. Wenn nicht, so achte auf meine Worte, mit denen ich dir Weisheit nahe bringen will."

Elihu spricht wie ein Alter

„Ihr Weisen und Wissenden, jetzt hört mir mal zu. Natürlich ist es an euch, genauso wie ihr eure Speisen prüft, auch meine Worte kritisch zu hinterfragen. Wir wollen prüfen was Recht ist. Denn Hiob hat erklärt: ‚Ich bin im Recht, doch Gott hat mich nicht erhört. Soll ich nun deswegen lügen? Aber der Pfeil, der mich getroffen hat, hat mich sehr verletzt'. Wo gibt es einen Mann, der zügellos lästert, der mit Übeltätern im Bunde ist und mit zwielichtigen Leuten verkehrt? Und dann äußerte er noch respektlos: ‚Was nützt es dem Menschen, wenn er in Freundschaft lebt mit Gott?'"

Elihu versucht nun, Gottes Wirken zu erklären.

Ist es Anerkennung oder leichter Spott, wenn Elihu die Anwesenden als „Einsichtsvolle Männer" tituliert?

„Hört mich an. Es liegt Gott fern, Unrecht zu tun oder Frevel auszuüben. Im Gegenteil, er verzeiht dem Menschen, jeder bekommt das, was er verdient hat. Niemals handelt Gott ungerecht, und schon gar nicht beugt er das Recht. Hat ihm denn jemand befohlen, die Welt zu erschaffen, die Erde zu gestalten. Dächte Gott nur an sich selbst und würde er seinen Geist aus der Schöpfung abziehen, dann müsste alles sterben und der Mensch wieder zu Staub werden."

Nach diesen philosophischen Ansätzen wendet sich Elihu wieder an Hiob.

„Wenn du Einsicht zeigst, so achte jetzt auf meine Worte. Kann jemand, der das Recht mit Füßen tritt, eine Führungsposition innehaben? Und willst du einen aufrichtigen Herrscher als ungerecht bezeichnen? Das wäre jemand, der einen König als Taugenichts bezeichnet, der Adlige als Übeltäter beschimpft."

Diese und die nächsten Sätze sind in allen Übersetzungen etwas schwer zu verstehen, so dass sich bei mir manchmal der Verdacht einschleicht:

Ist der Urtext eventuell vom Sinn her falsch verstanden worden? Das wäre kein Wunder, bei der Zeitspanne, die seit der Verfassung des Originaltextes vergangen ist.

„Gott gibt den Fürsten nicht Überheblichkeit ein, noch unterscheidet er zwischen Arm und Reich, denn alle Menschen sind das Werk seiner Hände. Plötzlich müssen alle Menschen sterben, manchmal mitten in der Nacht. Die Bevölkerung ist irritiert, denn auch der Mächtige scheidet dahin, ohne dass ein anderer Mensch ihn getötet hätte. Denn seine (Gottes) Augen überwachen jeden Schritt der Sterblichen. Sei es noch so dunkel und finster, er findet jeden Übeltäter. Gott setzt auch keine Frist für sein Gericht. Selbst die Mächtigsten rafft er ohne Ankündigung hinweg und ersetzt sie durch einen anderen."

Elihu malt sich in blumigen Worten die Schicksale der Menschen aus.

„Die Taten der Sünder sind Gott bekannt und er stürzt sie gnadenlos über Nacht. Er straft sie an einem Ort ab, so dass alle Bewohner es mit ansehen können, denn sie wichen von seinem Weg ab und verstanden seine Gebote nicht. Aber das Schreien der Schwachen wird von ihm erhört und das Rufen der Armen bleibt ihm nicht verborgen. Sollte man aber von ihm nichts hören, wie könnte man ihn beschuldigen? Verbirgt er sich, ja, wer vermag ihn je zu erblicken? Wenn er schweigt, sowohl dem Volk als auch dem einzelnen Menschen gegenüber, ist es vielleicht eine Reaktion auf das Herrschen eines ruchlosen Verführers?"

Nun versucht Elihu Ratschläge für ein gottgefälliges Leben zu geben.

„Man soll zu Gott sprechen: ‚Ich war verwirrt, aber ich will zukünftig nicht mehr sündigen. Auch wenn ich dich nicht sehe, so lehre mich Besserung. Ich will nicht erneut Böses tun.'"

Jetzt wendet er sich wieder direkt an Hiob.

„Denkst du nicht auch, dass er dir verzeiht, wenn du alles widerrufst? Aber das musst du selbst entscheiden und nicht ich. Alle weisen Männer werden mir eines bestätigen: Hiobs Reden waren von Unverstand geprägt und seine Worte waren alles andere als vernünftig. Möge doch Hiob immer wieder geprüft werden, ob seine Widerreden denen eines Sünders entsprachen! Denn er steigert sich immer weiter in sündhafte Reden, er spottet unser und führt immer mehr Reden gegen Gott."

Ist Sündlosigkeit von Vorteil gegenüber Gott?

Elihu ist nunmehr so richtig in Fahrt gekommen und nimmt Hiob weiter aufs Korn.

„Hältst du es für richtig, wenn du Gott als Gesprächspartner forderst? Du fragst dreist, welchen Vorteil denn deine angebliche Sündenlosigkeit dir gegenüber Gott gebracht hat. Dir und deinen Freunden möchte ich jetzt einmal ins Gewissen reden. Schau mal zum Himmel hoch: Siehst du die Wolken hoch über dir. Wenn du sündigst, was tust du ihm damit an, er steht so hoch über dir. Und wenn du gegen das Recht verstößt, was fügst du ihm zu! Auf der anderen Seite: Wenn du dich richtig verhältst, denkst du etwa, ihm damit etwas zu schenken? Nur andere Menschen leiden darunter, ebenso wie nur deine Mitmenschen deine Gerechtigkeit zu schätzen wissen."

Gott zeigt sich doch langmütig.

„Es gibt so viele Gewalttaten, man hört das Schreien darüber. Man jammert unter der Knute der Regenten. Aber niemand fragt: ‚Wo ist Gott, der mich erschaffen hat, den wir in der Nacht preisen, der uns mehr Verstand gegeben hat als den Tieren der Erde und mehr Weisheit als den Vögeln des Himmels'. Man ruft zu ihm, doch er äußert sich nicht über den Übermut der Bösewichter. In der Tat, auf solche Bagatellen hört Gott überhaupt nicht, er schaut sich das nicht an. Nun forderst du gar, ihn zu sehen. Sein Urteil steht bereits fest, du musst eben darauf warten. Weil aber sein Zorn noch nicht strafte und er das heftige Aufbegehren nicht beantwortet hat, da reißt du, Hiob, deinen Mund weit auf und schwingst Reden voll Unverstand!"

Elihu ist von sich ganz schön eingenommen

„Hör mir bitte weiter geduldig zu und ich will dir weiteres über Gottes Großmut erzählen. Ich möchte mein Wissen überall im Volk verbreiten und meinem Schöpfer Recht verschaffen."

Der nächste Satz strotzt nachgerade von Überheblichkeit. Oder ist es jugendlicher Übereifer?

„Meine Worte entsprechen den Tatsachen, ein Mann mit vollendetem Wissen steht vor dir."

Wie sieht Gottes Strafe aus?

„Siehe, Gott ist gewaltig und verachtet niemanden. Er ist voller Güte. Aber den Frevler lässt er nicht am Leben, den Unterdrückten hingegen verhilft er zu ihrem Recht. Sein Auge ruht zufrieden auf den Gerechten, er behandelt sie wie Könige auf einem Thron.

Sind sie aber in Ketten gefesselt und vom Unglück betroffen, so weist er auf ihr unrechtmäßiges Tun und ihre Vergehen hin, da sie zu überheblich geworden sind. Er lässt sie seine Verwarnung hören und fordert sie zu rechtmäßigem Verhalten auf. Hören sie darauf und fügen sich, so steht einem weiteren glücklichen Lebens bis ans Ende nichts im Wege. Aber wehe, wenn sie nicht gehorchen, so trifft sie das Schicksal und sie sterben ganz unversehens. Denn in ihren gottlosen Herzen regte sich ständiger Groll und selbst wenn Gottes Strafe sie getroffen hat, so rufen sie nicht um Hilfe. Ja, schon in der Jugend ist ihre Seele nicht rein und im besten Alter rafft es sie dahin."

Nun versucht Elihu wiederum eine Verkettung von Leid und Linderung zu knüpfen.

„Im Leid zeigt Gott dem Leidenden die Rettung durch Umkehr und durch die Qualen wird er den Herrn erhören. Sollte der Groll über das dir Zugefügte aber dein Urteil vernebelt haben, so wird dir doch ein weiter Weg aus dem Leid gewiesen und du wirst dein Leben wieder in vollen Zügen genießen können. Wenn du das Urteil „Frevler" akzeptiert und vernommen hast, wird dir Recht geschehen. Vermeide jeglichen Zorn über das Schicksal, das dich traf, und willige in deine Sühne ein."

Wie schon in einigen früheren Passagen steht man bei den folgenden Sätzen wiederum vor etwas eigenartigen Übersetzungen.

So übersetzt Luther:

„Meinst du, dass er deine Gewalt achte oder dein Gold oder irgendeine Stärke oder Vermögen?"

In der Fassung des Gondrom-Verlages heißt es:

„Würde etwa ohne Bedrängnis dein Notschrei sich rüsten und überhaupt jegliche Kraftanstrengung?"

Ich denke, man tut dem Buch Hiob bei meiner Betrachtung nichts Unpassendes an, wenn man ab und zu ein paar Zeilen über springt.

Und Elihu mahnt weiter:

„Hüte dich! Laß ab vom Bösen! Denn das Leid war für dich die Voraussetzung zur Läuterung."

Nachdem Elihu, wie er meint, dem leidenden Hiob die Leviten gelesen hat, geht er dazu über, Gottes Wirken und Wesen zu preisen.

„Siehe, Gott ist in seiner Macht über alles erhaben. Es gibt keinen größeren Lehrer als ihn. Wer kann seine Wege überprüfen? Wer kann es wagen, ihm zu sagen ,Du hast schlecht gehandelt!' Preise daher sein Tun, das in so vielen Liedern besungen wird. Voller Staunen sieht die ganze Welt seine Werke, ein einzelner Mensch ist dazu nicht in der Lage. Siehe, Gott ist groß und unbegreiflich, niemand vermag die Zahl seiner Jahre anzugeben."

Am Schluß dieses Kapitels versucht sich Elihu noch in poetischen Worten.

„Er formt das Wasser zu Tropfen und treibt die Wolken zusammen, auf dass es regnet. Ja, es schüttet aus den Wolken und es rieselt herab auf die vielen Menschen. Kann überhaupt jemand die Größe einer Wetterwolke erahnen oder eine Erklärung haben für das Krachen der Blitze am Himmelszelt. Darüber hat er sein Licht ausgebreitet bis an die Enden der Meere. So setzt er die Menschen in staunendes Erschrecken, aber er sorgt auch für Nahrung im Überfluß. Zuckende Blitze entspringen seinen Händen gegen diejenigen, die er treffen will. Der hallende Donner ist das Zeichen seines Zorns gegen das Unrecht."

Das Wetter als Zeichen Gottes

Elihu hat sich nunmehr auf das Wetter in seinen verschiedenen Formen als Zeichen Gottes kapriziert. Damit will der Verfasser des Buches Hiob bereits auf die kommenden Kapitel hinführen.

„Wenn ich darüber nachdenke, so beginnt mein Herz heftig zu klopfen. Hört, hört auf das Tosen seiner Stimme, wie ein Grollen erklingt es aus seinem Munde. Unter dem ganzen Himmel kann man es wie entfesselt hören und seine Blitze zucken über die gesamte Erde. Nach den Blitzen brüllt seine Donnerstimme, es ist sein erhabene Mahnung. Wenn er es für richtig hält, ist Blitz und Donner zu vernehmen."

Obwohl die meisten Menschen Furcht vor diesen Naturerscheinungen haben, beschreibt Elihu sie mit prächtigen Worten.

„Gottes Stimme erklingt wunderbar, er bewirkt großartige Dinge, die wir nicht verstehen. Er befiehlt dem Schnee: ‚Fall zur Erde', ebenso dem Platzregen, damit er sich auf die Erde ergießt. Allen Menschen verhilft er zur Erkenntnis, dass hinter und über allem sein Tun liegt. Die wilden Tiere verkriechen sich in einem Versteck und bleiben in ihren Höhlen. Aus dem Süden kommt der Sturm, der Nordwind bringt kalten Frost. Das Eis entsteht durch Gottes Hauch, es überzieht glänzend die Wasserfläche. Die Regenwolken versorgt er mit Feuchtigkeit, das Wetterleuchten ist sein Signal von oben. Die Zeichen der Natur sendet er als Strafe, als Zuchtrute, auch für seine gesamte Erde, oder es stellt eine Hulderweisung für lobenswerte Taten dar."

Nachdem Elihu hat nun in höchsten Tönen die Taten Gottes gerühmt. Nunmehr glaubt er, dies Hiob noch einmal direkt vor Augen führen zu müssen.

„Höre mich an, Hiob, gehe in dich und achte auf die Wundertaten Gottes. Weißt du, welchen Sinn Gott ihnen gab und wie er das Licht durch die Wolken brechen lässt? Kannst du ermessen, warum die Wolken über uns schweben, eines der Wunderwerke des Allwissenden? Du kleiner Mensch, der du bereits ins Schwitzen gerätst, wenn der heiße Südwind über die trockene Erde

weht! Bist du in der Lage, mit ihm zusammen das Firmament ausbreiten, das wie ein Spiegel über uns liegt? Teile du uns mit, was wir ihm sagen sollen, denn wir können in diese geheimnisvolle Welt nicht hineinsehen. Wir wissen so vieles nicht: Erzählt man ihm davon, wenn ich rede? Erfährt er überhaupt wenn jemand sich äußert? Liegen Wolken vor der Sonne, so sieht man ihr Licht nicht – ein Windhauch von ihm und alles ist wieder klar. Vom Norden her kommt goldener Glanz, die Menschen aber fürchten Gott in seiner Herrlichkeit. Wir können den Allmächtigen in seiner erhabenen Macht nicht ergründen, Recht und Gerechtigkeit werden von ihm nicht gebeugt. Darum müssen die Menschen
Gott fürchten, für ihn spielt die Weisheit des einzelnen keine Rolle."

Zwischenspiel

Elihu hat seine Ansichten zum Leid Hiobs in aller Ausführlichkeit dargetan. Man könnte Hiob nunmehr bedauern. Hilfe, Trost und Mitleid hatte er erhofft, doch seine drei Freunde, die als erste erschienen, und enttäuschten ihn zutiefst, denn all ihre Argumentationen liefen sich immer auf einen Frevel oder eine Sünde vor Gott hinaus.

Es ist die alte Ansicht, dass nichts von sich aus entsteht, sondern stets eine wie auch immer geartete „Ursache" haben muß.

Wenn ein Mensch wie Hiob eine solche quälende Strafe erfährt, dann muß sein Vergehen eine ebenso ausgeprägte Dimension haben oder gehabt haben.

Der wie aus dem Nichts auftauchende Elihu ist ebenfalls kein Trostspender, sondern spielt sich in seiner Jugend wie ein alter Weiser auf – gerade im Orient der damaligen Zeit ein merkwürdiges Gehabe. Auch seine Anklage geht in die gleiche Richtung wie die der drei Freunde: Gehe in dich und bereue, denn du, Hiob, musst gesündigt haben.

Wäre das Buch an dieser Stelle zuende, es wäre ein wenig zufriedenstellendes Werk.

Und in der Tat – nunmehr wird es spannend, denn der Verfasser des Buches Hiob lässt Gott selbst sprechen. Aus dem Wettersturm, wie die Übersetzungen sagen.

Wir erfahren jedoch nicht, ob Hiob allein der Adressat der Rede ist oder ob die anwesenden „Freunde" es ebenfalls hören können.

Man könnte natürlich annehmen, dass Hiob durch sein Alleinsein im Leid, durch die Anschuldigungen seiner Freunde oder durch seine Schmerzen in seinem Bewusstseinszustand so verändert ist, dass er jetzt Stimmen hört. Aus dem Wettersturm, wie es so treffend heißt, vermag man mit Sicherheit Laute vernehmen und sie zu Sätzen zusammenzufügen oder das Unterbewusstsein spielt sie in die Wahrnehmung hinein.

Oder ist es eine Gotteserscheinung, wie sie in den letzten Jahrhunderten ebenfalls einige Male vorkam?

Das Wort Halluzination möchte ich nur ungern ins Spiel bringen.

Wir wissen nichts Näheres und folgen daher den Ausführungen des Autors.

Gott selbst spricht

Aus dem Wettersturm antwortete der Herr und sprach: „Wer ist es, der die Ordnung dieser Welt verkennt mit uneinsichtigem Gerede? Nimm all deine Kraft zusammen, ich werde dich fragen und du sollst mir Rede und Antwort stehen."

Die folgenden Sätze sind wie Peitschenhiebe, die auf den ge-
quälten Leib Hiobs heruntersausen.

„Wo warst du, als ich die Erde erschuf? Sag es mir, wenn du
es weißt. Wer hat ihre Maße bestimmt – du weißt es doch angeblich? Wer hat ihre Größe festgelegt. Wer hat ihr Festigkeit verliehen, wer ihre Fundamente gelegt als die Morgensterne jubelnd
zustimmten und die Gottessöhne begeistert waren? Wer hat dem
Meer seine Grenzen gesetzt, als es schäumend aus dem Erdinne-
ren hervorbrach, es einhüllte mit Wolken und Nebel? Hinter feste
Ufer habe ich das Meer befohlen, gleichsam hinter Türen und
Riegel. Dabei sprach ich: Bis hierher darfst du dich ausdehnen,
hier endet der Spielraum deiner stolzen Wogen."

In diesen Sätzen findet man die Urschöpfung der Welt wieder,
zugleich auch die in vielen altorientalischen Mythen vorkom-
mende Furcht vor der Urgewalt des Meeres.

In poetischen Worten geht es weiter.

„Hast du in deinem Leben je den Morgen heraufziehen lassen
mit dem frühen Rot im Osten, auf dass es hell werde auf Erden
und Frevler in ihrem nächtlichen Tun gestört werden? Die Dinge
sind ihren Formen sichtbar. Den Frevlern aber wird das Licht genommen und ihr zum Angriff erhobener Arm niedergeschmettert.
Hast du je gesehen, wo die Quellen des Meeres beheimatet sind
oder hast du Einblick genommen in die Tiefen des Ozeans. Hast
du gar die Pforten des Totenreiches erblickt in all ihrer Finsternis?
Ist dir aufgefallen, wie weit die Erde ist? Sag es mir, wenn du
dich da auskennst."

Mit etwas Phantasie kann man sich Hiob vorstellen, wie er
sich unter den Fragen krümmt, aber es geht noch weiter.

„Wo hat das Licht seine Wohnung und wo kommt die Dunkelheit her, so dass du sie selbst ergründen könntest, wüßtest du den
Weg dorthin. Du weißt es doch, denn damals habe ich den Men

schen erschaffen und die Zahl der Tage all deiner Ahnen auf der Erde ist sehr groß.

Gelangtest du bis zu dorthin, wo ich den Schnee und den Hagel lagerte, die ich aufbewahrte für schwierige Zeiten, für Kämpfe und Kriege. Wo ist der Weg zu dem Ort, wo sich das Licht über die Erde verteilt und der Ostwind seinen Anfang nimmt? Wer sorgt dafür, dass die Fluten des Regens aus dem Donnergewölk einen Weg fanden, um unbewohntes Land und Wüsten sowie öde Gebiete genügend zu versorgen, damit frisches Gras hervorsprießt? Hat der Regen einen Vater und wer erzeugte die Tropfen des Taus. Von wem stammt das Eis und der Reif des Himmels? Aus den Felsen entspringen die Quellen der Bäche und schließen sich zu großen Flüssen zusammen."

Nun folgen einige Zeilen, eine davon ist besonders für Astrologen interessant.

„Kannst du die Bänder des Siebengestirns knüpfen oder die Fesseln des Orion lösen? Läßt du den Morgenstern zur rechten Zeit aufgehen und leitest den Bären am Himmel samt seinen Jungen. Kennst du die Gesetze des Himmels und wendest ihre Schrift auf der Erde an? Kannst zu einer Regenwolke sagen: ‚Regne auf mich herab'. Vermagst du die Blitze nach deinem Gutdünken zu steuern? Wer hat dem Ibis – man denke hier an den altägyptischen Weisheitsgott Thot mit einem Ibiskopf - Weisheit verliehen, wer gab dem Hahn Einsicht? Wer besitzt die Weisheit, die Wolken am Himmel zu zählen und wer gibt den Befehl, dass sie sich mit Regen entleeren und so den Staub in Schlamm umwandeln und die trockenen Schollen wieder feucht werden.

Bist du es, der für den Löwen seine Beute erjagt und damit der Junglöwen Hunger stillt, wenn sie sich vor anderen Feinden verstecken und im Gebüsch auf Nahrung lauern. Wer gibt den Raben Futter, wenn seine Jungen hungrig schreien und ohne Nahrung herumirren?"

Gott hinterfragt Hiobs Wissen um die Tierwelt

„Weißt du, wann die Steinböcke gebären, bist du beim Werfen der Hirschkühe dabei? Kennst du ihre Trage- und Gebärzeit? Sie kauern sich nieder und werfen ihre Jungen. Diese werden groß und stark in freier Wildbahn, irgendwann gehen sie ihre eigenen Wege und kehren nicht mehr zum Muttertier zurück.

Wer ließ den Wildesel in Freiheit laufen und wer öffnete die Fesseln des Bergesels? Ich entließ sie in ihren Lebensraum, die weite Steppe und die karge Wüste. Das Getümmel des Stadt ist nicht seine Wohnung und er hört nicht auf das Geschrei von Treibern. In den Bergen sucht er nach Weideland und er findet überall sein Grünfutter.

Glaubst du, dass der wilde Büffel sich unter dein Joch spannen lässt und bei dir als Haustier bleibt? Meinst du, du kannst mit ihm die Furchen pflügen? Kannst du dich auf ihn verlassen, weil er so kräftig ist, und ihm Arbeit anvertrauen? Glaubst du, man kann ihn bei der Ernte einsetzen, damit er die Früchte des Feldes in deine Scheuer bringt?

Die Straußenhenne ist ein lustiges Tier, wenn sie mit den Flügeln schlägt. Ist sie aber ein zärtliches Tier? Nein, wahrlich nicht, sie legt ihre Eier einfach auf die Erde und lässt sie von der Sonne erwärmen. Sie vergisst dabei aber völlig, dass die anderen Wildtiere auf die Eier treten und sie zerstören können. Ihre Jungen behandelt sie hart, als wären es nicht ihre eigenen, und verliert sie eines, so stört sie das nicht. Denn Gott gab ihr keine Weisheit und auch keinen Verstand. Beginnt sie aber einmal zu laufen, so haben Roß und Reiter Mühe ihr zu folgen.

Gibst du dem Kriegsroß Heldenkraft und schaffst ihm seine

große Mähne am Hals? Meinst du, es würde auf dein Verlangen wie eine Heuschrecke springen? Sein Wiehern klingt wie ein Fanal. Es zieht mit Freude in den Kampf und scharrt ungeduldig mit den Hufen. Furcht oder Angst im Angesicht von Schwertern kennt es nicht. Sein Reiter zückt den Köcher und Pfeile und Speere blitzen in der Sonne. Fiebrig trabt es über den Boden und steht beim Erschallen der Hörner nicht still. Von weitem wittert es den Kampf und hört den Schlachtenlärm und das Rufen der Heerführer.

Glaubst du etwa, es ist deiner Einsicht zu verdanken, dass der Falke sich in die Lüfte schwingt und seine Flügel nach Süden ausrichtet? Ist es deinem Befehl zu verdanken, wenn der Adler in die Höhe steigt und oben seinen Horst baut? Dort in steiler Felsenhöhe wohnt er. Seine scharfen Augen erspähen weithin von dort oben seine Beute. Seine Jungen fressen blutiges Fleisch und wo Erschlagene liegen, dort ist er schnell zur Stelle."

Hiobs erste Antwort auf Gott

Noch scheinen nicht alle Argumente von Seiten des Herrn vorgebracht worden zu sein, um Hiob in die Schranken zu weisen.

„Will tatsächlich jemand tadelnd mit dem Allmächtigen streiten? Der Ankläger Gottes möge sich dazu äußern!"

Hiob hat sich lange nicht mehr zu Wort gemeldet. Erst ergingen die Reden Elihus über ihn hinweg. Dann hörte er Gottes Worte. Nun vernimmt man ihn ganz kleinlaut:

„Siehe, ich bin zu gering! Was kann ich dir entgegnen? Ich lege jetzt meine Hand auf meinen Mund. Einmal habe ich geredet, aber hinfort werde ich nicht mehr antworten. Ein zweites Mal – aber ich halte jetzt inne!"

Bei den folgenden Sätzen kann man sich des Eindrucks nicht

erwehren, dass es eine Art verbaler Ringkampf zwischen Hiob und Gott wird.

Erneut antwortete der Herr aus dem Wettersturm

„Leg einen Gürtel um deine Hüften, wie es Helden tun. Dann werde ich dich fragen und du kannst mich aufklären. Willst du wirklich mein Recht in Frage stellen und mich ins Unrecht setzen, nur damit du recht behältst? Ist dein Arm so stark wie der Gottes und kannst du wie er mit deiner Stimme donnern? Ziere dich mit Hoheit und Erhabenheit, kleide dich mit allem Prunk! Laß deinen Zorn überlaufen, fixiere jeden Edlen mit deinen Augen und demütige ihn. Zwinge ihn zu Boden und auf jeden Frevler setze deinen Fuß. Verbirg sie alle im Staub und schließe sie in Erdhöhlen ein. Dann will auch ich dich rühmen, dein Recht hat dir zum Sieg verholfen."

Diesen an Hiob direkt gerichteten Worten folgen wieder Vergleiche aus der Tierwelt.

„Sieh doch mal das Nilpferd, ich erschuf es ebenso wie dich, wie ein Rind ernährt es sich von Gras. Schau dir seinen gewaltigen Körper an und das Spiel seiner Muskeln. Seinen Schwanz streckt er wie eine Zeder aus, die Sehnen seiner Beine sind straff. Seine Knochen gleichen Röhren aus Erz, seine Beine wie Stangen aus Eisen. Wahrlich, es ist ein Meisterwerk der Schöpfung! Der ihn geschaffen hat, gab der ihm nicht auch seine Waffen? Die wilden Tiere der Berge denken nicht an ihn und spielen dort freimütig. Es lagert unter Kreuzdorngebüsch im Schutz des Schilfes. Das Gebüsch spendet ihm Schatten, umrahmt von Pappeln am Fluß. Steigt der Fluß über die Ufer, so macht es ihm keine Panik, auch wenn der Strom ihm bis zum Hals reicht. Kann man diesem Tier an die Augen fassen oder gar fangen indem man ihm die

Nase durchbohrt?"

Die Tiere in Ufernähe scheinen es dem Verfasser besonders angetan zu haben.

„Kannst du den krokodilähnlichen Leviathan mit der Angelrute an Land ziehen und seine Zunge niederdrücken? Kannst du eine Binsenschnur um seine Schnauze legen und mit einem Haken sein Kinn durchbohren? Wird das Tier daraufhin dich mit zarten Worten um Gnade bitten? Oder mit dir eine Art Vertrag schließen, dass es dir als Sklave dient? Darfst du mit ihm spielen wie mit einem kleinen Vogel und es an der Leine für die Kinder führen? Werden deine Jagdgenossen mit dir um ihn schachern oder es an Händler weitergeben? Kannst du lauter Spieße in seine Haut stecken oder eine Fischharpune in seinen Kopf stecken? Versuche es nur einmal, wage es! Du wirst unterliegen."

Ein Lob der Stärke des Nilpferdes

Gott fährt fort, erneut die Stärke des Nilpferdes hervorzuheben.

„Die Hoffnung, das Nilpferd zu bezwingen, ist trügerisch. Schon allein beim Anblick fährt einem der Schrecken durch alle Glieder. Niemand erweist sich als so kühn, um es zu reizen; niemand kann ihm widerstehen. Ist ihm jemand direkt begegnet, so nahm er meist körperlichen Schaden. Auf dieser Welt ist es niemanden gelungen. Ich will auch nicht die körperlichen Stärken verschweigen, seine Kraft und seine großartigen Statur. Niemandem ist es bislang gelungen, seine Außenseite zu untersuchen oder gar seinen doppelten Panzer zu durchdringen. Wem gelang es, sein Maul zu öffnen? Seine Zähne sind schreckenerregend. Seine Wirbelsäule sieht aus wie eine Reihe von Schilden, verschlossen als wären es Kieselsteine. Dicht an dicht liegen die Wirbel, nichts passt durch sie hindurch. Jeder Wirbel fügt sich nahtlos an den anderen, sie bilden ein festes, unlösbares Gefüge. Beim Niesen sieht es aus wie ein Leuchten von Licht, seine Augen gleichen den Wimpern der Morgenröte."

Der Autor des Buches Hiob muß einen ungeheuren Respekt vor diesem Tier, das im Originaltext eigentlich Behemoth heißt, daß er dem Herrn diese bewundernden Worte in den Mund legt.

„Aus seinem Rachen züngeln brennende Fackeln, es schaut es wie feurige Funken. Aus seinen Nüstern dampft Rauch hervor wie aus einem kochenden, heißen Topf. Sein Atem vermag sogar glühende Kohlen entflammen, aus seinem Maul scheint eine Flamme hervorzulodern. Sein Nacken ist von ungeheurer Stärke und strahlt eine enorme Kraft aus. Seine Bauchmuskulatur ist straff, hart und unbeweglich. Sein Herz ist kraftvoll und fest wie ein Mühlstein.

Erhebt sich das Nilpferd, so erschrecken sogar starke Tiere und ziehen sich angstvoll zurück. Jagt man es, so vermag kein Schwert, keine Lanze, kein Pfeil noch irgendeine andere Waffe es zu verletzen. Eisen erscheint ihm wie Stroh, Metall wie wurmstichtiges Holz. Es hat keine Furcht vor Bogenschützen und Schleudersteine schüttelt es leicht ab. Die Keule setzt ihm nicht zu, das Schwirren eines Speeres ruft nur Spott hervor. Die Unterseite schaut aus, als wären es sie Spitzen von Scherben, mit denen es den Schlamm aufwühlt. Trabt es in die Wassertiefe, so bringt es das Wasser zum Brodeln wie in einem Kessel. Hinter sich zieht sich eine leuchtende Spur, die ausschaut wie silbernes Haar. Über dem Staub der Erde gibt es nichts Vergleichbares, es ist geschaffen, um nie Furcht zu empfinden. Sein stolzer Blick verschließt sich vor niemandem. Es ist König über alle stolzen Tiere."

Hiob lenkt ein und unterwirft sich

Die Worte des Herrn scheinen Hiob zutiefst beeindruckt haben. Waren es wirklich die ausführlichen Beschreibungen des Nilpferdes?

Der Autor läßt den Leser im Unklaren. Man bleibt mit seiner eigenen Phantasie auf sich gestellt.

Denn Hiob antwortet jetzt dem Herrn kleinlaut und unterwürfig:

„Ich habe nunmehr erkannt, daß du alles vermagst und kein Vorhaben dir unmöglich ist.. Du antwortest mir: ‚Wer ist es, der den Weltenplan verschleiert ohne irgendwelche Einsicht.' In der Tat, ich habe törichte Dinge hervorgebracht. Vieles, das du geschaffen hast, ist ist allzu wunderbar und ich kann es nicht begreifen. Ich habe gesagt: ‚Höre zu und ich will sprechen; ich frage dich und kläre du mich auf.' Bislang kannte ich dich nur vom Hörensagen, nun aber hat mein Auge dich geschaut. Daher widerrufe ich und bereue zutiefst in Staub und Asche."

Der Herr spricht nunmehr zu Hiobs Freunden

Nachdem der Herr seine Worte an Hiob beendet hatte und Hiob Reue und Schuldbewußtsein gezeigt hatte, sprach der Herr nunmehr zu Eliphas, dem Temaniten:

„Mein Zorn ist entbrannt gegen dich und deine beiden Freunde, denn ihr habt genauso wenig Richtiges über mich geredet wie mein Knecht Hiob. Nun nehmt als Buße sieben Jungstiere und sieben Widder, geht hin zu meinem Knecht Hiob und bringt ein Brandopfer für euch dar. Mein Knecht Hiob soll für euch Fürbitte einlegen. Auf ihn will ich Rücksicht nehmen, so daß ich auch euch nichts Schlimmeres zufüge. Ihr habt in der Tat nichts Rich-

Abbildung 6
Guido Reni; Hiob empfängt die Geschenke des Volkes
1636, Paris, Notre Dame

tiges über mich geredet ebenso wie mein Knecht Hiob."

Daraufhin machten sich Eliphas, der Temanit, Bildad, der Schuchit und Zophar, der Naamatit auf und erfüllten die Gebote des Herrn..

Der Herr nahm Rücksicht auf die Bitten Hiobs.

Zugleich wendete der Herr das Schicksal Hiobs, da er Fürsprache für ihn einlegte.

Hiobs Rehabilitation

Nunmehr vermehrte der Herr alles, was Hiob früher besessen hatte auf das Doppelte.

Jetzt erschienen all seine Brüder und Schwestern und all seine früheren Bekannten und speisten mit ihm in seinem Haus.

Sie sprachen ihre Teilnahme aus und trösteten ihn ob all des Unglücks, das der Herr über ihn gebracht hatte. Jeder schenkte ihm eine Münze und einen goldenen Ring.

Ohne daß es erwähnt wird: Hiob scheint von seinem Leiden genesen und zeigt sich wieder in alter Unversehrtheit mit gesunder Haut.

Nunmehr zeigt der Autor all die Wohltaten auf, die der Herr nunmehr an Hiob ausbreitet.

Der Herr segnete die spätere Lebenszeit Hiobs noch mehr als seine frühere.

Er besaß nunmehr: 14.000 Schafe, 6000 Kamele, 1000 Joch Rinder und 1000 Eselinnen.

In seinem hohen Alter erwachte in Hiob wieder die Sinnenlust und schenkte der Herr schenkte ihm noch sieben Söhne und drei Töchter.

Waren vor dem Leid Hiobs sämtliche Personen im Umfeld Hiobs namenlos und neutral, so werden jetzt die Namen der Töchter aufgeführt. Die Söhne aber bleiben weiterhin ohne Namen. Und das in einer maskulin geprägten Welt!

Die Namen der drei Töchter zeugen von einer poetischen Phantasie.

Die erste nannte er „Täubchen", die zweite „Zimtblüte" und die dritte „Schminkhörnchen".

Diese Namen strahlen so etwas wie erneute Freude am Leben und am Sinnliches aus. In der mosaischen Strenge des Alten Testaments wahrlich eine farbige Bereicherung.

Im ganzen Land fand man keine hübscheren Frauen als die Töchter Hiobs.

Entgegen allen früheren Gebräuchen erhielten sie ebenfalls einen Erbteil wie ihre Brüder.

Hiob lebte danach noch 140 Jahre und erlebte Kinder und Enkelkinder.

Dann starb Hiob hochbetagt und satt an Lebenstagen.

Hiobs Botschaft

Die Frage, die sich wohl die meisten Leser des Buches Hiob stellen, ist die Hinterfragung des Sinns dieser Geschichte.

Warum straft Gott einen rechtschaffenen und gottesfürchtigen Menschen mit soviel Leid?

Wieso erklärt sich Gott einverstanden mit den provozierenden Versuchen Satans, Hiob zu quälen, um Gott zu beweisen, daß er dann von ihm abfallen würde?

Deckt sich dies mit den Vorstellungen des Alten Testaments, die eine strikte Befolgung der Mosaischen Gesetze im Sinn einer Gottesfürchtigkeit verlangen? Ob die auch für Satan gelten?

Wir wissen natürlich auch nicht, wie lange die Leidenszeit gedauert hat. Waren es Tage oder Monate? Der einzige zeitliche Hinweis sind die sieben Tage, die die drei Freunde Hiobs mit ihm zusammen schweigend verbringen.

Aber ist es überhaupt wichtig, nach einem Zeitrahmen zu fragen?

Mit Sicherheit nein!

Denn dem Autor erscheinen die Gespräche und Diskussionen wohl das wichtigste zu sein.

Wie mag es einem Menschen ergehen, der aus für ihn uner

klärlichen und uneinsehbaren Gründen innerhalb kürzester Zeit vom Schicksal auf diese harte Weise getroffen wird?

Oder müssen wir im Hinblick auf das Buch Hiob und das uns bekannte Ende die Frage erweitern: Der vom Schicksal auf die Probe gestellt wird?

Wird er nicht zurecht an der Güte und Weisheit Gottes zweifeln?

Es ist die immer wieder aufgeworfene Frage: Warum eigentlich ich und nicht der unsympathische Nachbar oder der menschenverachtende Vorgesetzte, der doch so ein gottesfernes Verhalten aufweist?

Es sind Fragen, die meist unbeantwortet im Raum stehen bleiben.

Manch einer fragt sich: Was habe ich verbrochen oder im Leben falsch gemacht, daß mich ein derartiges Leid trifft?

Oder gibt das Buch Hiob Trost, nachdem man es gelesen hat und am Ende sich alles in Wohlgefallen auflöst?

Im Volksmund heisst es doch: Wenn die Not am größten ist Gott am nächsten.

Besteht also die Chance, daß Leid, Verlust und Krankheit sich auf eine wunderbare Weise, trotz Zweifel und Hinterfragung der Gerechtigkeit Gottes, zu einer Lösung oder Erlösung wandeln?

Oder ist es eine innere Wandlung des Bewußtseins-Prozesses die conditio sine qua non, die zum Heil führt.

Im Buch Hiob sind es nur wenige Worte der Einsicht Hiobs, die offenbar zur Erlösung von seinem Leid führen.

Zu Beginn des Buches Hiob, als ihn das körperliche Leid trifft, hat man das Gefühl einer Akzeptanz des Schicksals, als er sagt: Wenn wir schon das Gute von Gott annehmen, sollen wir das Schlechte nicht auch annehmen?"

Sind es eventuell die provozierenden oder anklagenden Worte

der Freunde, die ihn von seiner ersten demütigen Auffassung abbringen?

Und dann wiederum nach den Worten Gottes der Schwenk.

Ob sie nur als bloße, fast möchte man annehmen opportunistische Reaktion auf die Reden Gottes zu betrachten sind oder ob es sich um eine echte tiefe Akzeptanz handelt? Wir wissen es nicht.

Der Autor des Buches läßt uns mit unseren Fragen allein.

Es gibt im Deutschen das Sprichwort: Hochmut kommt vor den Fall.

Auch wenn Hiob keine direkten, von ihm selbst gespürten Sünden angibt oder empfindet, so wird man doch bei manchen seiner Ausführungen etwas nachdenklich.

Ich wiederhole daher noch einmal diejenigen Sätze:

„Wenn mich die Knaben erblickten, so verbargen sie sich scheu. Die Alten standen auf und blieben stehen. Die Oberen der Stadt unterbrachen ihre Reden und hielten sich sogar die Hand vor den Mund. Die Adligen verstummten, ihre Zunge klebte fast am Gaumen. Sprach ich zu ihnen, so zollten sie mir Beifall. Wer mich sah, der lobte mich."

Es steckt eine gehörige Portion Überheblichkeit darin.

Ist es eventuell gerade diese Haltung, die Satan zu seinen „Versuchen" stimulieren?

Auch das können wir nur erahnen.

Werner Reiser schreibt in seinem Buch über die möglichen Empfindungen des Lesers: „Wir haben mit Sympathie für ihn am Schicksal Hiobs teilgenommen. Wir haben seine Klagen und Protestschreie mitgehört. Wir nehmen sie ihm ab, weil wir ihn in seinem Leiden ernst nehmen. Seine Warum-Fragen sind sympathisch. Auf sie alle erhält er jedoch kein einziges „Darum", auf jeden Fall kein solches, das uns einleuchten könnte. Es gibt nicht einen einzigen Satz, der als genügende Antwort gelten könnte. Es gibt weder im Buch Hiob noch in der ganzen übrigen Bibel einen Satz, der auf irgendeine befriedigende Weise das Leid erklären könnte."

So bleibt uns Lesern am Ende nur die tröstliche oder weniger tröstliche Botschaft: Leben als solches wirft für den Einzelnen so viele Ereignisse auf, für die es weder bei positiven Begebenheiten wie Glück, Freude und Liebe als auch bei Schicksalsschlägen wie Leid, Verlust, Krankheit und Schmerz eine befriedigende Erklärung gibt.

Wir suchen immer nach dem „Warum".

Nehmen wir daher das Buch Hiob als Trost, dass alles überwindbar scheint, denn Gott lässt den Menschen trotz Klagen und Verfehlungen nicht aus seiner Obhut und Liebe fallen.

Literatur

Ebach, Jürgen; Streiten mit Gott, Hiob, Teil 1 und Teil 2, Kleine Biblische Bibliothek, Neukirchener Verlag, 1996

Reiser, Werner; Hiob – Ein Rebell bekommt recht. Quell-Verlag, 1991

Roth, Joseph; Hiob – Roman, dtv, 11. Auflage 2010

Tournier, Paul; Bibel und Medizin; Heilung und Heil aus biblischer Schau; Humata-Verlag, 6. Auflage,

Zink, Jörg; Das Alte Testament, Kreuz-Verlag, 1984, 9. Auflage

Hör-Kassetten

Weinreb, Friedrich; Hiob – Das, wovor ich mich fürchtete, bekam ich; ISIOM-Verlag für Tondokumente

Weinreb, Friedrich; Die Freuden des Hiob; ISIOM-Verlag

Weitere Bücher des Autors

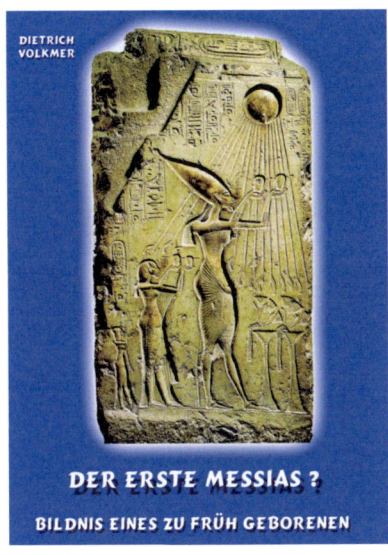

Der erste Messias ?

Bildnis eines zu früh Geborenen
Neu überarbeitet **2015**
Books on Demand
80 Seiten
10,80 EUR

als E-Book
4,99 Euro

Echnaton ist wohl eine der interessantesten Persönlichkeiten des Alten Ägypten, denn er versuchte eine radikale Reform der religiösen Gegebenheiten.
In diesem Buch wird ein Überblick gegeben über die Entwicklung der Religion generell vom Polytheismus bis hin zu seinem Monotheismus.
Weiterhin enthält das Buch Reflexionen über das Thema Messias und die daraus resultierende Heilslehre.
Im gewissen Sinn ist es eine Abrundung des Buches „Tagebücher vom Nil", das in einer fiktiven Tagebuch-Form das Leben Echnatons und Nofretetes zu erzählen versucht.
Mehr unter **www.literatur.drvolkmer.de**

Weitere Bücher des Autors

Zeit

Ein rätselhaftes Phänomen

Gedankenfragmente

ISBN 9783842347465
Books on Demand
2011
108 Seiten
14.80 EUR

Viele Dichter, Schriftsteller, Philosophen, Religionswissenschaftler, Physiker und Mathematiker haben versucht, das Geheimnis der Zeit zu ergründen.
Sie alle mussten dabei feststellen, dass man immer nur eine Facette der Zeit beleuchten kann und das eigentliche Wesen der Zeit immer verborgen bleibt
Von seiner Geburt bis zu seinem Tod ist der Mensch dieser so merkwürdigen Eigenschaft ausgeliefert
In diesem Buch hat sich der Autor die Aufgabe gestellt, das Phänomen Zeit unter vielfältigen Aspekten zu betrachten.
Trotzdem ist und bleibt sie am Ende ein Mysterium.
Mehr unter **www.literatur.drvolkmer.de**

Weitere Bücher des Autors

**Tagebücher vom
Nil
Echnaton,
Nofretete, Teje**

ISBN
9783837067569
Books on Demand
2008
176 Seiten
3 Farbseiten
Format 17 x 22 cm
18.50 EUR

Das Buch enthält in einer fiktiven Tagebuch-Form die Geschichte des mutigsten und kühnsten Pharaos des Alten
Ägypten, seiner Mutter Teje und seiner schönen Gemahlin
Nofretete. Es ist meiner Ansicht nach wohl die interessan-
teste Phase der fast 3000 Jahre alten Geschichte Alt-Ägyp-
tens - eine Zeit, über die so viel Unklarheit herrscht, aber
gerade deswegen die Phantasie herausfordert. Echnaton versuchte, die alten Traditionen zu durchbrechen, die Vielgöt-
terei abzuschaffen und dafür einen einzigen Gott zu
propagieren, die Sonne Aton. Somit ist er der erste, der den
Schritt vom Polytheismus zum Monotheismus wagte.
Jedoch er kam mit seinen Ideen zu früh und so musste die
Welt noch einige hundert Jahre warten, bis wieder jemand den Mut
aufbrachte.
Mehr unter **www.literatur.drvolkmer.de**

Weitere Bücher des Autors

Ithaka - Das ewige Ziel

Szenen einer Heimreise

ISBN 9783837030532
Books on Demand
2008

197 Seiten
19 EUR

Vor rund 2800 Jahren schrieb der antike Dichter Homer seine beiden grossen und berühmten Epen, die „Ilias" und die „Odyssee".

Viele betrachten die Odyssee als eine Art Abenteuergeschichte. Das scheint aber ein Fehlurteil zu sein.

Dieses Buch hat es sich zum Ziel gesetzt, Odysseus auf seiner Heimreise zu begleiten und ein wenig die Hintergründe dieser phantasievollen Reise aufzuhellen. Homer also als erster Schriftsteller der Welt mit psychologischem Einfühlungsvermögen!

Der Weg nach Ithaka ist mehr als nur eine Heimreise - es ist der Weg und das Beispiel einer Reifung und Bewusstwerdung

Näheres und Durchblättern der ersten Seiten unter
ww.literatur.drvolkmer.de

Weitere Bücher des Autors

**Viertausend Kilometer
Einsamkeit**

Rapa Nui Osterinsel

ISBN 9783833482496
Books on Demand
2007
Mit vielen farbigen
Abbildungen
132 Seiten
19.50 EUR

Weit draussen im Pazifik - rund viertausend Kilometer entfernt von jeglicher anderer Zivilisation liegt sie: Die Osterinsel, von den Einwohnern Rapa Nui genannt.
Das Buch beschreibt die Insel, ihre Geschichte, ihre Menschen und vor allem die vielen Rätsel und Geheimnisse, von denen sie so viele zu bieten hat. Aber auch dieses Buch wirft mehr Fragen auf als es Antworten zu geben vermag. Jedoch macht nicht gerade das eine Insel so interessant? Langweilige Inseln gibt es genug!

Näheres und Durchblättern der ersten Seiten
www.literatur.drvolkmer.de

Weitere Bücher des Autors

Abschied vom Urknall

**Thesen gegen das Unwahr-
scheinliche**

ISBN 3833446943
Books on Demand
2006
112 Seiten

18.50 EUR

Eine der schwierigsten Fragen, die sich viele Menschen stellen, ist die Frage nach dem Anfang unseres Universums. Die Wissenschaft liefert uns die Theorie vom Urknall.
Diese Antwort stellt jedoch viele Fragesteller nicht zufrieden, da sie einmal eine seelenlose Welt beinhaltet und nur noch weitere Fragen aufwirft, deren Antwort uns die Wissenschaft schuldig bleibt.
Denn die Wissenschaft versucht das Numinose auszuklammern.
Dieses Buch betrachtet vieles aus einer anderen Perspektive.
Näheres und Durchblättern der ersten Seiten unter
www.literatur.drvolkmer.de

Weitere Bücher des Autors

Frankfurt und
die Götter des Olymp

Ein fiktiver Besuch aus der
Antike

Books on Demand
2010
ISBN 9783839166390
15.95 EUR

Dieses Buch ist zZ vergriffen, überarbeitete Neuauflage geplant

Es war eine spannende Aufgabe, die Götterc des Olymp aus ihrem Exil in die Neuzeit zu locken und ihre Aben-teuer und Erlebnisse zu schildern.

Jeder, der sich berufsmässig oder als Privatmann mit der griechischen Antike befasst, wäre natürlich neugierig, wie sie sich, die einstmals alles Beherrschenden, in einer veränderten Umwelt zurechtfinden würden.

Dieser Frage kann man sich nur mit Phantasie und einer Prise Humor nähern.

Warum ausgerechnet Frankfurt? Weil ich diese Stadt am besten kenne.

Mehr unter **www.literatur.drvolkmer.de**

Weitere Bücher des Autors

Lesbos

Die Insel derSappho

Dieses Buch ist zZ
nur als E-Book für den Kindle
verfügbar.
Über kostenlose Konvertierungs-
Programme auch für andere E-
Book-Reader und für Tablets
sowie PC verfügbar.

Für Griechenland-Liebhaber und für Griechenland-Reisende
eine gute Empfehlung. Es handelt von der Insel Lesbos.
Sappho wurde um das Jahr 600 v. Chr. auf der Insel Lesbos
geboren. Sie war die erste grosse Dichterin der Weltgeschichte.
Leider ist von ihren Werken durch die Prüderie des frühen
Christentums und die Arroganz der männlichen „Konkurren-
ten" nicht allzuviel erhalten geblieben. Zum anderen war sie
die erste weibliche Erzieherin in Griechenland. Eltern aus ganz
Griechenland brachten ihre Töchter zu ihr nach Lesbos Von
ihr, ihrem Werk und den Schönheiten der Insel Lesbos handelt
dieses Buch. Zugleich sind eine Reihe von Sagen und Mythen
aus der Vielzahl der Sagenwelt der Alten Griechen in den Text
eingeflossen.
Näheres unter **www.literatur.drvolkmer.de**

Weitere Bücher des Autors

Nadel-Sticheleien

**Kritisch-
Satirisch-
Humorvolles aus
15 Jahren**

ISBN
9783837021899
Books on Demand
2009
172 Seiten
12.50 EUR
zZ vergriffen

Dieses Buch ist eine Sammlung von Kolumnen des Autors zu den verschiedenen Themen, die zeitmässig in den Jahren 1995 - 2009 gerade anfielen.
Sie erschienen anfangs in der Zeitschrift „CoMed" als Observatius-Kolumne und später ab dem Jahr 2001 auf den BIO-NET -Seiten des Autors unter der Rubrik „Nadel-Sticheleien"
       Nähere Details finden Sie auf den Seiten

www.literatur.drvolkmer.de
Dort können auch die ersten Seiten durchgeblättert werden

Weitere Bücher des Autors

Mars im Spiegel

Mythologisch- bissliche Betrachtungen

ISBN 3 833004452
Books on Demand
2008
3. überarbeitete Auflage
140 Seiten
19.50 EUR

Dieses Buch zeigt eine völlig neue Sichtweise der Zähne auf. Es ist besonders für Menschen geschrieben, die ein wenig hinter die Dinge schauen möchten und mit der oberflächlichen Betrachtung der Schul-Zahnmedizin nicht zufrieden sind.

Jeder Zahn ist ein Individuum.

Symbolik, archetypische Muster und Mythologie bereichern die Sichtweise des Suchenden.

Es geht in kurzen Worten um die Psychologie des Einzelzahns. Zugleich ist es ein Buch, das beim Lesen viel Freude macht.

Näheres und Durchblättern der ersten Seiten unter
www.literatur.drvolkmer.de

Weitere Bücher des Autors

Jenseits der Molaren

**Zahnmedizin
oder Zahn-Heilkunde**

ISBN 97838375058468
Books on Demand
2. völlig überarbeitete Auflage
2008
140 Seiten
Format 17 x 22 cm
Diverse Abbildungen
22.50 EUR

Dieses Buch erschien in einer ersten Auflage im Jahr 1988 und entwickelte sich zu einer Art Klassiker.

In der Zwischenzeit hat sich jedoch vieles getan und geändert, so dass zu diesem Buch nach 20 Jahren eine aktualisierte Neuauflage notwendig wurde.

Vieles aus der ersten Auflage wurde gestrichen und vieles Neue hinzugefügt. Im Grund ist ein neues Buch entstanden.

Es geht in diesem Buch um die Gegenüberstellung von klinischer Universitäts(Zahn)medizin und Biologischer Zahn-Heilkunde, wobei in erster Linie ein Miteinander angestrebt wird.

Weitere Details unter **www.drvolkmer.de** unter Literatur sowie unter **www.literatur.drvolkmer.de**